一看就懂

圖象式姓名學

徐裕博◎編著

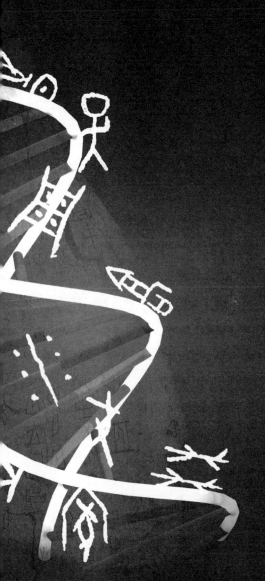

推薦序

　　中國文字，在天成象，在地成形，初為圖畫文字，再由圖畫，逐物象形，是為文字之初。《易經‧繫辭》曰：「古有庖羲氏之王天下也，仰則觀象於天，俯則觀法於地；視鳥獸之文與地之宜；近取諸身，遠取諸物；於是始做八卦，以通神明之德，以類萬物之情。」八卦出，而天地山澤雷風水火之形象以具，是為中國文字之起源。

　　其後倉頡造字，由圖象演變發展而成文字字，文字形成之原則為「六書」：一曰象形，二曰指事，三曰形聲，四曰會意，五曰轉注，六曰假借。《漢書‧藝文志》做為：一象形，二象事，三象意，四象聲，五轉注，六假借，所謂「四象二用」是也。可見文字是由圖象轉變，逐漸線條化，之後形成文字。

　　文字的形成，與文化背景是息息相關的，文字是文化的記錄，在沒有文字時，是以圖畫來表現，在有文字時，就以文字來記錄，但有趣的是文字與文化之間卻有一種奇妙的因果循環，文字記錄文化，而

文化卻創造新的文字，如此循環漸進之後，在不同的朝代就產生不同形體的文字，故中國文字又為「演文」，顧名思義「演文」即為會演變或演化的文字，這也是一種達爾文所著作之「進化論」的表現，這是中國與西方世界在文字結構上最大的不同，也是中華民族最具有特色的智慧表現，在全世界中也是獨一無二的，這是我們老祖宗所留給我們最珍貴的寶物與資產。

中華民族立國六千年以來，姓氏也是我國最具有特色的文化，然而姓氏書籍的流傳，雖然有很多種，但是較著名者，有《世本》、《白虎通》、《潛夫論》，魏朝時代有《官氏志》，唐朝時有《元和姓纂》、《宰相世系表》，宋朝時有《路史》、《通鑑》、《通志世族略》、《古今姓氏書辯證》、元朝時有《民族表》，明朝時有《萬姓統譜》、《姓氏尋根》、《奇姓通》、《尚友錄》、《日知錄》、《名義考》等書，其中《姓氏尋根》一書，係明朝嘉靖進士張澍所

著，每姓之下，必考證其得姓之始，凡前人謬說，均加以訂正，可謂盡善矣。至清朝時有崔冕者著有《千家姓》文一書，得姓千餘。

　　雖是如此，在六千多年的歷史演進中，因外患內亂，災禍頻頻，國人變遷流徙，宗族族姓異動甚大，逼迫許多人因外力之介入或種種人力不可抗衡之力量，不得不隱姓埋名或改姓異名，方保安平，導致後人不知其宗族姓氏來源，更不知宗族姓氏之文字結構之起因。俗話說：「吃果實，拜樹頭。」，對於自己的姓氏應該不可以模模糊糊不清不楚，更何況在取名字的時候，必須以百家姓的特質特性做為基礎來取用文字與其配合，當然每一個百家姓的來源，必然與其現實生活息息相關的，而此書卻能將百家姓之「六書屬性」、「文字解形」、「本義」、「說文」、「文義」，文字之「五行」、「納音」，取名的避諱，取名的要求，更舉例說明姓氏與文字在種種因緣際會之下，

結合之後所產生的眾生百態。

　　此書堪稱前無古人後無來者，是作者嘔心瀝血，煞費苦心，精心編寫之經典佳作，足以提供讀者在使用文字、取用名字時，不可或缺之重要工具書籍。

中國倉頡文字文教展望會　創會理事長

張櫂烜　敬書

編著者序

　　本書《圖象姓名學》的編寫實受啟發於張櫂烜老師的《中國文字姓名學」，之所以言《圖象姓名學》乃因本書的論述重點在於中國文字所呈現的「圖象」意義。加之乃應用於「姓名學」，故稱之為《圖象姓名學》。

　　本書先以兩本暢銷書為起點，讓讀者可以很容易瞭解姓名對人的「作用」及如何的「使用」，再來針對時下「姓」、「氏」與「名」、「字」的混淆狀況先做個釐清。時下很多人都以大丈夫「行不改名」為由，對改名一事嗤之以鼻，殊不知，歷代的古聖先哲，雖沒有改名之「名」，卻必有改名之「實」的情況。

　　要瞭解「姓名」要先瞭解文字，筆者引用《說文解字》以介紹「文字發明」的過程與「文字六書」的意義與應用。

　　針對取名的基本注意事項，本書也分章做了簡略的論述。

　　至於命理的基本知識陰陽、三才、五行、二十四節氣、六十花甲

納音五行也稍有著墨。

　　本書以十三個案例，對如何論名做最直接的示範。著書的目的貴在「啟發」，希望讀者透過這本書，可以漸窺姓名學的堂奧，而不迷失於人云亦云的五里霧中。

　　最後，姓名乃以「姓」為起頭，所以姓氏的含意決定了要取什麼名字去搭配。如此，對姓氏含意的瞭解，在命名上就顯得格外重要。現在我們使用的「繁體字」在「隸變」之後，讀者很難在文字結構裡瞭解「百家姓」的原始文字意涵。有鑑於此，筆者在本書後面的章節裡，煞費苦心的，以自北宋初年錢塘的一個書生所編撰後流行至今的蒙學讀物《百家姓》為藍本，針對百家姓做逐一的字源意義陳述，並以「甲骨文」為輔，讓讀者可以依照自己的姓氏自行查閱。

　　由於資料繁多，筆者以一己之力，編排上難免遺漏舛誤，讀者若有批評指正之處，敬請不吝賜教。

目錄

前言
先從兩本暢銷書說起

《生命的答案，水知道》

（Water Knows the Answers—the Hidden Messages in
Water Crystals）

　　日本作家「江本勝」之著作，由「長安靜美」翻譯，於2002年
經由「如何出版社」出版。書的內容是描寫並記錄作者江本勝博士在
他對水所做的實驗的經過與成果。在他對水所做的眾多實驗裡，其中
一項，作者將寫有字的紙條貼在水瓶上，然後將水急速冷凍至攝氏零
下五度，觀察不同字意的字，對水結晶所產生的影響。冷凍後，再用
200至500倍率的攝影器材，把這些水所產生的不同結晶拍攝下來。

　　實驗中，當作者把寫有「愛與感謝」、「天使」等正面或鼓勵
能量的文字的紙張，貼到裝有水的水瓶上，水因為受到文字能量的
影響，會呈現完整而美麗的結晶。如果是貼上，如「煩死了，殺死
你」、「惡魔」等負面或煞氣的文字，水的結晶就呈現破碎的狀態。
「江本勝」博士對水的實驗，說明了水是如何自然的受文字能量影響
到它的狀態。

　　人在誕生前的受精卵狀態，含水量接近99％；出生後，人體的水
含量也超過70％。水既然可以隨著文字的能量而波動，水又是人類主

要的組成物質。人類終其一身，使用最頻繁，與人類最親密的文字，絕對是「姓」與「名」，由此推論，我們是不是應該更瞭解自己的名字對我們的影響呢？

《秘密》
（The Secret）

由作者朗達・拜恩撰寫，謝明憲先生翻譯，方智出版社於2007年出版。《秘密》的精髓，主要在揭露一個被西洋歷史上的諸多巨人（如蘇格拉底、莎士比亞、牛頓、富蘭克林等）所不斷引用的成功法則，書中稱為「吸引力法則」。其具體的實行步驟為：

1、要求：下命令，讓宇宙知道你要什麼。

2、相信：相信你所要求的會成就。

3、接收：你所要求的自然會在你身上成就

在書中，有介紹一個強效「吸引力法則」的方法，那就是「觀想」。把「要求」具體成「畫面」，這樣就可以提高並加速成就的可能性。而把「觀想」轉成「畫面」的有效工具，就是使用「觀想板」（Vision Board）。

如果說《秘密》所言如實，而西方先哲都據此而成就大業，那麼我們東方的古代先賢以其智慧，一定沒有不知道的道理。誠然，中國古代易學大儒，對此《秘密》的闡述所在多有。中國古代哲學認為，「氣」是宇宙的本體，宇宙萬物從「無」到「有」，皆是遵循一定的過程，「有氣而有象」、「象成而形成」、「形成而質實」。中國古

代先哲闡述「萬物」發生的過程，基本上與《秘密》闡述的三步驟有異曲同工之妙，差別在於中國古代先哲所使用的語言又更加的玄妙。

既然撰寫《圖象姓名學》，那麼《秘密》又跟《圖象姓名學》有什麼關係呢？

「姓名」的運用，好比是前面所說的「觀想板」。當你瞭解姓名的「意義」與他呈現的「圖象」，你就可以藉此「圖象」不斷加強你的「要求」，也就是加強腦部產生的「意識波」（就是氣）強度。依此要領，你可以不太費勁的，藉由文字聚焦你的能量，走向心想事成的境界。

當然，如果姓名的能量是正向的，人的運程也會朝向正向發展；但如果是負向的呢？伴隨而來的結果就不甚理想了。

第一章

「姓」、「氏」的起源
與「名」、「字」的產生

第一節　姓氏的起源

故事一則：

一則關於家族改姓認祖歸宗的新聞。

隨國民政府播遷來台的一位「陳」姓家族大家長，為了逃避兵役徵召，用別人的「姓」申報戶口，使得其後代子孫四十餘口人因此揹著「別人家的姓」過了六十多年的生活。他們也祭祀「不是自己祖先」的神主牌六十多年。經過十八年努力，請來大陸的堂兄弟驗DNA，終於在今年集體改回「陸」姓，了卻了先人認祖歸宗的遺願。

這次認祖歸宗可以成功的最主要原因，就是藉由現代科學DNA鑑定技術的幫忙。所以「姓」所代表的意思，以現代的術語來說就是不同DNA的代表符號。

姓的起始，源自於先民圖騰文化的圖騰識別。上古時代「姓」與「氏」的意義是不同的，先有「姓」後有「氏」。「姓」的意義從文字意可知，即「女」＋「生」，由女所生也。「姓」始自上古的母系社會，表彰的是不同「母系血緣系統」的區隔。所以在遠古的母系社會時期的「姓」都與「女」有關，如「姜」、「姬」、「妊」、「姒」、「妘」等。

《白虎通德論》裡說：「人所以有姓者何？所以崇恩愛、厚親親、遠禽獸、別婚姻也。」又說「姓生也，人所稟天氣所以生者也。」，「姓所以有百者何？以為古者聖人吹律定姓，以紀其族。人含五常而生，聲有五音，宮、商、角、徵、羽，轉而相雜，

五五二十五，轉生四時，故百而異也。氣殊音悉備，故殊百也。」

| 說文解字： | |
| 姓：人所生也。古之神聖母，感天而生子，故稱天子。 從女從生，生亦聲 | 甲骨文 |

　　「氏」是在以姓為基礎的血脈體系下發展出來。氏的開始，主要是源自於「父系社會」。

　　《白虎通德論》裡說：「所以有氏者何？所以貴功德，賤伎力。或氏其官，或氏其事。」也就是說「氏」最開始時，是為了表彰部落支系的地位、功績或居住地，通常都借用「地名」、「圖騰」等而來。男子為「氏」，「氏」隨父親而來。「氏」可以「別貴賤」，貴者有氏，賤者有名而無氏。傳說中的三皇，「燧人氏」、「伏羲氏」、「神農氏」即稱氏。

| 說文解字： | |
| 氏：巴蜀山名岸脅之旁箸欲落墮者曰氏，氏崩，聞數百里。象形，乁聲。 | 甲骨文 |

　　「姓」、「氏」的合併使用，在漢朝就已漸漸形成。發展至今，「姓」與「氏」可說是代表相同意義的兩個字不再區分。所以「姓」即「氏」，「氏」也可以代表「姓」了。

綜觀歷史，中國姓氏的來源大概可以歸納為以下幾個方面：

一、以圖騰為姓：

遠古的人們相信他們的命運休戚受到動物靈的左右，藉著對動植物靈的崇敬與模仿，就可以得到動植物靈的保佑與能量。這就形成了遠古的圖騰崇拜文化。有些氏族就以圖騰為姓。如百家姓裡的「牛」、「龍」、「馬」等。後來在中國名間流行的十二生肖文化，也是脫胎於圖騰崇拜的一種表現。

二、以國名、食邑、地名、居住地為姓氏：

以國名為姓氏者，如：

周武王滅商後為鞏固政權大行封建，產生了大小不等的數百個諸侯國，後來很多諸侯國隨著局勢的演變陸續滅亡，他們的子孫為記得以往的光榮遂以國名命姓，如晉、楚、燕、韓、趙等。其後以這樣方式產生的姓氏也大有人在多有。

再者如徐氏起源於周朝的徐國，周穆王荒於政事醉心田獵，徐偃王欲造反謀事，後又因不忍士兵因戰事流血遂罷戰歸隱山中。由於他很得民心所以追隨他的人日益增多。他所隱居的山就被稱做徐山，山區附近的地名也就順理成章的成了徐州。周穆王看他這麼得民心，而且為了避免士兵流血願意放棄政變，所以讓他繼續管理徐國。後來徐國的子孫遂以國命姓為「徐」氏。

以食邑命姓者，如：

卞　：周文王第六子曹叔振鐸家族後代有人叫莊，為魯國大夫封於「卞」邑（今山東省泗州附近），其後代子孫遂以「卞」命姓。

盧　：春秋時齊桓公封功臣高悉於「盧」邑 （今山東長清縣），

高悉的後代子孫遂以「盧」命姓。

戚 ：春秋時衛國的大夫孫林父有食采邑於「戚」邑（河南濮陽市），他的後代子孫遂以「戚」命姓。

以地名及居住地為姓氏者，如：

黃帝姓「姬」就是因為他居住的地方有一條水叫「姬」水，遂以「姬」命姓。另外還有習、葉、華、池等。

三、以先人的名、字、諡號、親屬的排行為姓氏，如：

巫 ：黃帝臣巫彭作醫，其後代子孫以「巫」命姓。

昌 ：黃帝子昌意，其後代子孫以「昌」命姓。

段 ：春秋時，鄭國武公的小兒子名叫叔段，他的後代子孫其支孫以王父的名命姓為「段」氏。

四、以爵位、官職為姓氏：

如管音樂的樂師後來子孫就以師為姓，做史官的子孫就姓史，管理律的子孫姓理，又轉為李等。

五、因賜姓、避難、避諱改姓：

有些姓氏若與帝王的名號相同，就會被逼改姓。如東漢時漢明帝姓劉名莊，當時姓莊的人家都被迫改姓，其中有一支就改成嚴姓。

六、少數民族的姓氏及其他：

百家姓裡的「鮮卑」、「拓跋」、「單於」等。隨後六書百家姓裡的複姓章節有比較詳細的介紹，讀者可以自行參閱。

第二節 名字的產生

　　前述的「姓」與「氏」，分別是對「母親」與「父親」群體「家族」系統的標識，而「名」與「字」則是針對「個人」個體的標識符號。「字」則是「名」的輔助和擴展。

說文解字： 「名：自命也。從口從夕。夕者，冥也。冥不相見，故以口自名。」	 甲骨文

　　以前在現代電力設備沒有被發明之前，入夜後人與人相見無法識別彼此，只好發聲以辨識之。這就是「名」的由來。也是初民造「名」字時，從「夕」晚上、從「口」叫喚的原因。

說文解字： 「字者，言孳乳而寖多也。」	 甲骨文

　　古時人初生時有「名」而無「字」。「字」是到了「成年禮」時再由長輩命之。成年禮之後，人們就只稱其「字」，不稱其「名」，

因為直接稱「名」是不禮貌的。而「名」就只有長輩或父母才可以叫。

《禮記‧曲禮上》云:「男子二十,冠而字。」,「女子許嫁,笄而字。」

「字」的含意,為「名」的衍生,起輔助「名」的作用。如宋朝大文豪「蘇軾」,姓「蘇」、名「軾」(車前做扶手的橫木)、字「子瞻」,取《左傳》「登軾而望之」的典故,與「軾」相關,起擴大「名」的意涵之功能。

所以《白虎通德論》裡說:「或旁其名為之字者,聞名即知其字,聞字即知其名。」

後來「名」的作用,從最初的純辨識功能,漸漸發展出「明心志」、「尊德行」的衍生性作用。

《白虎通德論》裡說:「人必有名何?所以吐情自紀,尊事人者也。」《論語》曰:「名不正,則言不順。」

上面「字」與「名」的區別,在民國以前的讀書人,使用上有嚴格的區分。隨著清朝封建社會的結束,西風的東漸,民國以後人們把「字」與「名」連用,稱作「名字」, 名與字都混為一談不加區分了。

清朝訓詁學大師王引之,作《春秋名字解詁》中把名與字之間的關係概括為五類:「同訓」、「對文」、「連類」、「指實」、「辨物」。茲說明如下

一、同訓:予字子我,常字子恒之屬。即名與字可以互訓,互為解釋,基本上就是同義之意。

諸葛亮字孔明，明與亮都有光線充足的意思。

曹操字孟德，操和德都是品行，故有德行、操行。

曹植字子建，植與建都有樹立之意。

二、對文：沒字子明，偃字子犯之屬。即相對的文字，就像陰與陽相對而文義相反之意。

徐庶字元直，庶有旁支的意思，而直為直落、不間隔、不彎曲的。

呂蒙字子明，蒙與明意思相反，蒙為不明。

劉禪字公嗣，禪位與嗣位，一退讓一繼承。

三、連類：括字子容，側字子反之屬。即同類的文字，像後面我們會介紹的五行屬性，東方與青色可以歸為一類，南方與紅色可以歸為一類。

孫權字仲謀，權為權變，而謀為謀略，權與謀為同類文字。

趙雲字子龍，雲從龍，風從虎也。

周瑜字公瑾，瑾及瑜皆為美玉的名稱。

四、指實：丹字子革，啟字子閭之屬。即用字實在的指出名所示之事。

劉備字玄德，指明具備（備）高深的德性（玄德）。

關羽字雲長，羽翼（羽）是為了要飛翔雲端（雲長）。

袁紹字本初，繼承（紹）初始的願望或美德（本初）。

五、辨物：針字子車，鱣字子魚之屬。即字的含意是名的總稱。

孔鯉字伯魚，鯉是魚類的一種（魚）。

孟軻字子輿，軻是車子的一種（輿）。

周鼎字伯器，鼎為國家儀禮器具的一種（器）。

俗語說：「行不改名、坐不改姓。」有人以此批評世俗改名之風。如果鑑之以往，古代士人的確沒有改名的習慣，但是名與字的運用其實跟現在改名的作用有相似之處。以上名與字的關係，也可提供給有意改名的讀者一個參考。

第二章

文字六書

《說文》裡文字發展的三個階段

第一個階段 觀象法地 以做八卦

　　「古者庖犧氏之王天下也，仰則觀象於天，俯則觀法於地，視鳥獸之文與地之宜，近取諸身，遠取諸物；於是始做八卦，以垂憲象。」

　　庖犧與八卦：

　　傳說在上古時代有個部落領袖庖犧氏（也就是我們熟悉的」伏羲氏」）。伏羲氏為華夏太古三皇之一，與女媧一同被尊稱為人類始祖。傳說他與女媧一樣長得龍身人首。

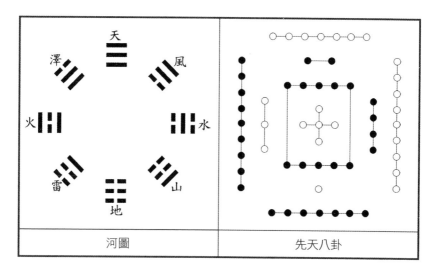

| 河圖 | 先天八卦 |

在黃河汛期，有龍馬負圖（河圖；上有黑白數點）而來。「一六共宗，二七同道，三八為朋，四九為友」。

伏羲坐於方壇之上，聽八風之氣，做出了八卦。這就是現今五術界廣為使用的先天八卦。

所謂：「乾坤定位，山澤通氣，雷風相薄，水火不相射，八卦相錯。」

第二個階段 結繩記事 而統其事

「及神農氏，結繩為治，而統其事。庶業其繁，飾偽萌生。」

神農嚐百草：

傳說中「神農氏」最偉大的貢獻在於教導人民農耕，使百姓安其居。他嚐遍百草以為醫藥，使人民的病痛得以治療。

神農氏又稱「連山氏」，著有《連山易》，《連山易》後來失傳了，所以我們也無緣一窺堂奧。

第三個階段 文以象形 字以繁衍

「黃帝史官倉頡，見鳥獸蹄迒之跡，知分理之可相別異也，初造書契。百工以乂，萬品以察，蓋取諸夬。『夬，揚於王庭』，言文者，宣教明化於王者朝庭，『君子所以施祿及下，居德則忌』也。」

倉頡造文字：

《淮南子》：「昔者蒼頡作書，而天雨粟，鬼夜哭。」文字的發明，把人類由蒙昧帶向文明。人類的智慧得以憑藉「文字」載體，一代一代的傳下去。也造就華夏民族多樣也豐富的歷史樣貌。

到了倉頡的時代：

「倉頡之初作書也，蓋依類象形，故謂之文。其後形聲相益，即謂之字。文者，物象之本；字者，言孳乳而寖多也。著於竹帛謂之書。」

文字的創造，從獨體象形，也就是「文」開始。然後重「文」以成「字」。「字」即有「滋衍」之意，後來慢慢的發展成我們現在所熟知的「六書」系統。

《說文解字》裡將文字分類成六種，號曰六書，六書者：

一曰指事：

「指事者，視而可識，察而可見，「上」、「下」是也。」

二曰象形：

「象形者，畫成其物，隨體詰詘，「日」、「月」是也。」

三曰形聲：

「形聲者，以事為名，取譬相成，「江」、「河」是也。」

四曰會意：

「會意者，比類合誼，以見指撝，「武」、「信」是也。」

五曰轉注：

「轉注者，建類一首，同意相受，「考」、「老」是也。」

六曰假借：

「假借者，本無其字，依聲托事，「令」、「長」是也。」

第二節　文字六書

「象形」

「象形者，畫成其物，隨體詰詘，「日」、「月」是也。」

象形、指事是「獨體造字法」。也就是前面所說的文。象形與指事造字法是中國文字的造字基礎。象形所表達的是具體的「物」；指事則是針對抽象的「事」。

象形用趨近於圖畫的線條，把要表達物體的具體特徵樣貌勾勒出來。

例如：

「丘􏿿」：象地面上並立兩個小土堆。

「馬􏿿」：象一匹有馬鬃、有四腿的馬。

「呂􏿿」：象脊骨的形狀。

「齊􏿿」：象禾麥穗頭平整的樣子。

「車􏿿」：象兩側有輪子、再加上輪軸貫穿其中。

「樂􏿿」：象樂鼓置於架上。

象形字是圖畫文字，它是最原始的造字方法，也是對實體事物的描繪。對於非具體的抽象事物，要用象形字表達的侷限性就比較大。

「指事」

「指事者，視而可識，察而可見，「上」、「下」是也。」

指事字是第二種「獨體造字法」。與象形字的主要分別，是指事

字表達的是比較抽象的東西。

　　例如：

　　「朱」字 ： 在「𣎴」的中間加「一點」，「𣎳」指出要表達的是木心的部分。木心是紅色的，所以此字為「紅色」之意。

「形聲」

　　「形聲者，以事為名，取譬相成，「江」、「河」是也。」

　　形聲是在「象形」與「指事」字的基礎下發展的「合體造字法」。形聲字由兩部份組成：

　　一是表達意義的「形符」。

　　一是表達聲音的「聲符」。

　　「形符」是指字的意思或類屬，「聲符」則表示字的相同或相近發音。

　　例如：

　　「葉 𦰩」字形符是「艸」，表示它是花草類植物，聲符是「枼」，表示它的發音與「枼」字相近。

　　「趙 𧼬」字形符是「走」，表示它與行動有關，聲符是「肖」，表示它的發音與「肖」字相近。

　　「錢 𨜮」字的左方「金」是形符，表示它與金屬有關，右方的「戔」是聲符，表示這個字的相近讀音。

　　「蔣 𦬒」則是上方形符從「艸」，下方聲符從「將」來發音之植物。

　　「馮 𩢍」右方形符是「馬」，指與馬有關的行為，左方聲符從「冫」，表示發音與「冫」相近。

「魏 」右方的形符為「鬼」字，表示與鬼有關，字意是指城門上監視鬼祟等事的樓觀，左方的聲符為「委」來表示它的讀音。

「會意」

「會意者，比類合誼，以見指撝，「武」、「信」是也。」

會意是「合體造字法」的第二種「造字法」。

會意用一個「形符」＋另一個「形符」組合起來，表達一個完整的圖象。會意字的組合通常是兩個字，但不侷限於兩個字。

例如：

「孫」字，從子，從系。象兒子血脈的延續。

「吳」字，從口，從夨。夨，象頭的動作。表示晃著頭大聲說話。

「曹」字，從棘；從曰。指訴訟的原告和被告互相辯駁，你來我往的樣子。

「章」字，從音，從十。「音」指音樂。「十」是一到十的末位數，表樂竟為一章。

有些字，會同時兼有會意和形聲的特點。

例如：

「褚」字，從衣，從者聲。者表音也表意，褚的字意為穿著赭衣的人。因卒吏更多著赭衣所以此字也指兵卒的卒。

「伍」字，從「人」和「五」，「五」既表聲也表義，字意為五人組成的小團體。

轉注

「轉注者,建類一首,同意相受,「考」、「老」是也。」

屬於「用字法」。可分為「形轉」、「音轉」、「義轉」。所謂「建類一首」是指部首,「考」和「老」同屬老部。轉注就是「互訓」。

《說文解字》:「考」字下說「老也」,「老」字下說「考也」,「轉相為注,互相為訓」。

不同地區因為發音不同,以及地域上的隔閡,以致對同樣的事物會有不同的稱呼。當這兩個字是用來表達相同的東西且詞義一樣時,它們會用相同部首的字以互訓。

假借

「假借者,本無其字,依聲托事,「令」、「長」是也。」

屬於「用字法」。假借就是同音替代(依聲托事)。同一地區廣為接受的口語,沒有相對應的文字可以表達。就以相對應的同音文字表示之。

百家姓的使用,以六書分類的角度來看,也可以說是一種假借法。因為絕大部分的文字在創造之初,並不是因為要代表一個部族或相同血脈的一群人而創造的。後來,人們為了要標識人我不同,而以不同的符號(姓氏)來表彰,以達到分種分群的效果。

六書的應用

在倉頡祖師爺創造文字的時候,並沒有刻意將文字以「象形」、

「指事」、「形聲」、「會意」、「轉注」、「假借」六種方式衍生。六書是東漢時的文字大師許慎為了讓學子便於認字、識字才對文字做的分類。

一個獨立的像形或指事文，稱為「文」。兩個或兩個以上的象形或指事文所合成的字可以稱「字」。六書是一個認識文字的方法，姓名又只是「複合」的文字，所以我們也可以透過「六書」的手法審斷命主狀況。本書《圖象姓名學》，大範圍使用的就是《圖象姓名學》的會意手法。「會意者，比類合誼，以見指撝，『武、信』是也。」

筆者之前遇過一個案例，有位命主的百家姓是個煞氣文字，也就是有武器象「刀」、「匕首」之類的百家姓，而他的姓名的「人位」裡有一個指事字「亦」 ，《說文解字》：「人之臂亦也。從大，象兩亦之形。」亦就是腋的古字，這個字指出命主須重點注意的位置。

我看了這個名字，加上其他文字透露的訊息，審定他有免疫系統的問題。果不其然，命主的確有免疫不全的毛病。筆者之所以這樣斷定，就是因為他的姓名的三個字裡有一個重點文字「指事字」它告訴了筆者，問題或重點之所在。

第三章

「陰陽」、「五行」與
「三才」

第一節 宇宙的誕生與「陰陽」、「五行」

「無極而太極」

宇宙的形成，目前被科學界廣為接受的說法是「大爆炸」（BIG BANG）理論。根據大爆炸理論，宇宙的形成，是從一個「無」到「有」的過程，在150億年前的一個大爆炸後宇宙誕生，有了時間和空間、質量和能量的相對性。

「太極生兩儀」——「陰」與「陽」

文字	陰 yIn	甲骨文
六書屬性	會意字	
文字解形	從阜，從佘，佘亦聲。阜，土山，從阜多與地形有關。	
本義	山的北面，水的南面。	
說文	闇也。水之南、山之北也。從自佘聲。	
字義	與「陽」相對。中國古代哲學家認為「陰」、「陽」可以說明一切事物是相互對立、相互統一的一體兩面。如天為「陽」，地為「陰」。火為「陽」，水為「陰」。晝為「陽」、夜為「陰」。背為陽，胸為陰。胸在上為陽，腹在下為陰。	

文字	陽 yáng	甲骨文
六書屬性	形聲字	
文字解形	從阜，易聲。從阜，與山有關。	
本義	山南水北。	
說文	高、明也。從自易聲。	
字義	與「陰」相對。	

　　「太極」，是陰陽未分時的混沌元氣，是原始型態的能量，是萬物生成的本源。

　　「太極而生陽，動極而靜。靜極復動，一動一靜，互為其根；分陰分陽，兩儀立焉。」

　　大爆炸之後，由於重力的「向心力」（陰）與爆炸的「離心力」（陽）相互作用，升「清」（陽）降「濁」（陰），從小微粒聚集成大體積物質，最終形成星系裡的各個星體。在大爆炸之前，宇宙不存在，物質不存在，生命也不存在。

　　宇宙誕生後100億年的漫長歲月裡，宇宙慢慢形成了太陽系、銀河系。地球的形成，大約是在距今46億年前後。

　　「天地定位」──天「陽」與地「陰」

　　在地球上由於升清降濁而有了天地。有了天與地就有了萬物存在的空間。

　　「山澤通氣」──山「陽」與澤「陰」

　　由於地熱與板塊的作用，隆起處變成了高山，低下處變成了海洋、湖澤，伴著地球的自轉與空氣熱升冷降的作用，高低的對流循環不已。

「雷風相薄」——雷「陽」與風「陰」

溫暖潮溼的空氣因熱而上升，上升的空氣遇冷後水氣凝結而變成雲。當這種運動很激烈時，在雲層中累積的強大正負電荷突然接觸，而產生了瞬間爆炸的雷擊與閃電。經過閃電燃燒的空氣產生硝酸鹽，硝酸鹽是植物生長的營養物質，硝酸鹽融入雨水落入大地，地球上有半數以上的硝酸鹽都是經由閃電的過程產生。另外臭氧也在這個過程中被製造，隨著空氣的上升到了同溫層，臭氧層可以屏蔽對生物有害的紫外線，保護地球的生命。

「水火不相射」——火「陽」與水「陰」

地球的自轉與地球繞太陽、月亮繞地球的公轉，造成了晝夜的變化與四季的區別。白天太陽生於東方，傍晚落於西方，夜晚月亮生於東方，拂曉又離去。如此日升月落，月落日起。於是有了黑夜與白天與四季的變化。

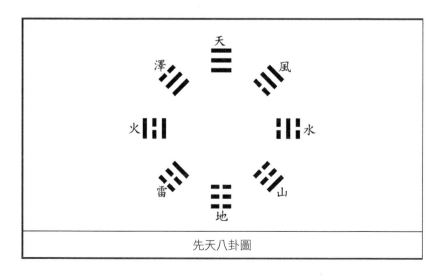

先天八卦圖

上面的自然狀況，也就是先天八卦所描繪的「天地定位、山澤通氣、雷風相薄、水火不相射」。

「五行」

「陽變陰合，而生水、火、木、金、土」、「五行，一陰陽也」。

「行」，就是運動的意思。

文字	行 xíng	甲骨文
六書屬性	象形字	
文字解形	象十字路口之形。	
本義	道路。	
說文	人之步趨也。從彳從亍。凡行之屬皆從行。	
字義	跟行動、運動有關。	

古代中國哲人認為，宇宙有五種基本的作用力，那就是木、火、土、金、水。

木：主擴張。積極性。木主文教、政治司法，還有與花木、醫學有關的行業。

文字	木 mù	甲骨文
六書屬性	象形字	
文字解形	象樹木之形。上為枝葉，下為樹根。	
本義	樹木	
說文	冒也。冒地而生。東方之行。從中，下象其根。	

火：主上炎。揮發性。火主能力，行業與火、光有關。

文字	火 huǒ	甲骨文
六書屬性	象形字	
文字解形	象火焰形。	
本義	燃燒所發的焰火之形。	
說文	燬也。南方之行，炎而上。象形。	

土：主平衡。穩定性。土主基礎。行業與土地、農作、畜牧等有關。

文字	土 tǔ	甲骨文
六書屬性	象形字	
文字解形	下象地面，上象土塊。	
本義	土壤。	
說文	地之吐生物者也。二象地之下、地之中，物出形也。	

金：主內聚。收斂性。金主決斷。行業與堅硬物質如金屬等有關。

文字	金 jīn	甲骨文
六書屬性	會意字	
文字解形	從「亼」，表覆蓋與聚集。從「土」，表藏於地。從「二」，表示礦物形。	
本義	金屬礦。	
說文	五色金也。黃爲之長。久薶不生衣，百鍊不輕，從革不違。西方之行。生於土，從土；左右注，象金在土中形；今聲。	

水：主向下。流動性。水主人際關係。行業與流動性、易變化性有關。

文字	水 shuǐ	甲骨文
六書屬性	象形字	
文字解形	中間象水脈，兩旁似流水。	
本義	H_2O水。	
說文	準也。北方之行。象眾水並流，中有微陽之氣也。	

關於五行屬性的，參考如下表

五行	五臟	五腑	五體	五色	五時	天干	地支
木	肝	膽	筋	青	春	甲、乙	寅、卯
火	心	小腸	脈	赤	夏	丙、丁	巳、午
土	脾	胃	肌	黃	長夏	戊、己	辰、戌、丑、未
金	肺	大腸	皮	白	秋	庚、辛	申、酉
水	腎	膀胱	骨	黑	冬	壬、癸	亥、子

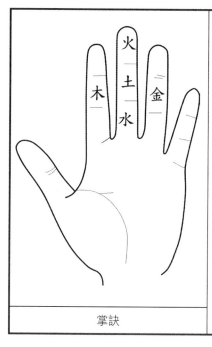

掌訣

五行掌法：
把五行納入手掌中，按照
「木、火、土、金、水」的順序，
把「肝、心、脾、肺、腎」，
「膽、小、胃、大、胱」，「筋、
脈、肌、皮、骨」等五行屬性納入
掌上的相應宮格中，可以幫助讀者
很容易的把五行對應的臟腑、特質
屬性記住。

如此在須要應用時，不用透過書本
的輔助也可以使用得得心應手。

五行相生

木生火、火生土、土生金、金生水、水生木。如環之無端。

木能生火， 火多木焚；強木得火， 方化其頑。
木賴水生， 水多木漂；水能生木， 木多水縮。
火能生土， 土多火晦；強火得土， 方止其焰。
火賴木生， 木多火熾；木能生火， 火多木焚。
土能生金， 金多土變； 強土得金， 方制其壅。
土賴火生， 火多土焦； 火能生土， 土多火晦。
金能生水， 水多金沉； 強金得水， 方挫其鋒。
金賴土生， 土多金埋； 土能生金， 金多土變。
水能生木， 木多水縮； 強水得木， 方泄其勢。
水賴金生， 金多水濁； 金能生水， 水多金沉。

五行相剋

木剋土、土剋水、水剋火、火剋金、金剋木。隔一而剋。

「木旺得金，方成棟樑。木能剋土，土多木折。土弱逢木，必為傾陷。」

「土旺得木，方能疏通。土能剋水，水多土流。水弱逢土，必為淤塞。」

「水旺得土，方成池沼。水能剋火，火多水乾。火弱遇水，必被熄滅。」

「火旺得水，方成相濟。火能剋金，金多火熄。金弱遇火，必見

銷熔。」

「金旺得火，方成器皿。金能剋木，木多金缺。木弱逢金，必為砍折。」

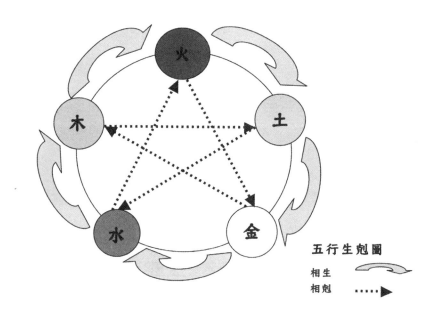

五行生剋圖
相生 ⌒
相剋 ┄┄►

若我們以上面的五行（中國古賢哲分類的五種基本力）與目前科學界所公認的宇宙的四種基本力（電磁力；萬有引力；強作用力；弱作用力）比較一下。雖然五行力無法與上述四項個別一一對應，但這並不影響五行在實務界的應用。因為五行的觀念，提供了我們一個方以類聚、物以群分的類推標準。

五行在《圖象姓名學》上的應用

五行可以代表五臟、六腑，七情、六欲，五感、五官，所以人一旦出生一定是五行俱全。名字既然是為人所用，當然也是以五行俱全為佳。凡事多與不足同樣容易造成傷害，所以姓名的要求除了要五行全外，個別五行數量的多寡也不可不查。

文字五行的分類，以《圖象姓名學》而言，大體是遵循以文字圖象之象「形」為分類標準。

凡木形字五行以木論：如「徐」、「陳」、「林」、「李」、「楊」、「朱」等。

火形字五行以火論：如「焦」、「熊」、「燕」、「魚」、「吳」。

土形字五行以土論：如「黃」、「田」、「丘」、「莊」、「袁」。

水形字五行以水論：如「沈」、「游」、「湯」、「湛」、「溫」。

其他不在上述木、火、土、水的字形五行以金論：「簡」、「高」、「張」等。

第二節　萬物的開始與「三才」

「三才」

　　「二五之精，妙合而凝」、「乾道成男，坤道成女」，二氣交感化生萬物。萬物生生，而變化無窮，「天、地、人」三才成焉。

文字	才 cāi	甲骨文
六書屬性	象形字	
文字解形	甲骨文上面一橫表示土地，下面象草木的嫩芽剛剛出土的樣子。	
本義	草木初生。	
說文	艸木之初也。從丨上貫一，將生枝葉。一，地也。	

「天、地、人」

　　約在地球形成的5到10億年後，也就是距今約36億年前，在充滿著簡單分子氨、氫、水的海洋出現了最原始的生命分子（以RNA的型態傳遞遺傳資訊）。原始生命分子，比較容易被自然環境的不利因素如紫外線所破壞，於是慢慢的演化出具有脂肪膜保護的細胞型態（以DNA的型態傳遞遺傳資訊）。再經過「原核生物」、「真核生物」、「原生物」、「多細胞生物」等不斷的發展，一直到今天所見的界、門、綱、目、科、屬、種七階分類的萬象生命，天、地、人

三才成形。所謂的「三才」，「天」（乾道）上「地」（坤道）下「人」（萬物）居中，人不單是指狹義的人類，也包含了所有存於天地之間的「萬物」。

「天、地、人的文字解形」

文字	天 tiān	甲骨文
六書屬性	會意字	
文字解形	下面是個人的正面形象，上面是人頭。表人之上的地方。	
本義	人的頭頂就是天。	
說文	顚也。至高無上，從一、大。	

文字	地 dì	甲骨文
六書屬性	形聲字	
文字解形	從土、也聲。	
本義	與「天」相對的大地。	
說文	元氣初分，輕清陽為天，重濁陰為地。萬物所陳為也。從土也聲。	

文字	人 rén	甲骨文
六書屬性	象形字	
文字解形	象側面站立的人形。	
本義	雙腳站立的萬物之靈，人類。	
說文	天地之性最貴者也。此籀文。象臂脛之形。	

太極圖

陰陽魚「太極圖」，是現今最為世人所熟知的一種「太極圖」。白色代表「陽」，黑色代表「陰」，陽氣下佈藏於地，陰氣上升含於天，所以陰中有陽、陽中有陰。介於陰陽之間的S形就是萬物，從剛剛介紹的宇宙起源觀念得知，「太極圖」不但表彰了陰陽相作用下的空間，也因為其含有三才，所以時間也在其中矣。

太極圖可以表達為宇宙或一切之本體，一切相互對立統一之事物；例如：男為陽，女為陰；父為陽，子為陰；上為陽，下為陰；熱為陽，冷為陰等。

「太極圖」

三才在姓名學的應用

三才既表空間也含有時間，在姓名學上，把名字的三個字分別與天、人、地對應，天大，地大，人居中，人亦大。所以

天位（姓氏）：長上、頭部、祖德、思想、賺錢型態。

人位（名一）：平輩、身體、個性、習性、賺錢慾望。

地位（名二）：晚輩、四肢、福德、行為、 財庫。

另外隨著時間的流轉（洛書：氣的流行），天位、人位、地位，會因為時間的不同，而居於主體或客體不同的地位。

天位 ：根苗、幼年。

人位 ：枝幹、青少。

地位 ：花果、青壯。

天、地、人「三才」在《圖象姓名學》上的應用

1、既然「三才」為事物形成結果的必經過程，所以姓名總體，以「三才」全，也就是有「姓」、「名一」、「名二」為佳。

2、以「太極」的觀念言，太極可大可小，所以「姓名」可以隨論事的主體而調整。

論事為「健康」，就可以用「姓」斷頭部，「名一」斷身體，「名二」斷手足四肢。

論事為「家庭」，就可用「姓」斷父母、長上，「名一」斷同

輩、手足，「名二」斷子女、晚輩。

　　以上即所謂的「一物一太極」是也。

　　三才既為過程，隨著命主年歲的增加，主導命主運勢的「位置」也會隨著變化。大體而言，命主從出生開始走第一個字「天位」，一個字走12年，12年走完即要換「大運」。

第三節 「六十甲子」與「納音五行」

「天干」與「地支」

　　干有「主幹」之意，支即「旁支」也。相傳自黃帝命其大臣大撓氏創立十天干「甲、乙、丙、丁、戊、己、庚、辛、壬、癸」至今，已有四、五千年的歷史。天干最先是用來記日的。後來覺得天干只有十個，在記錄時間時略嫌不夠，又創了「子、丑、寅、卯、辰、巳、午、未、申、酉、戌、亥」十二地支來搭配。

　　天干、地支以奇數為陽，偶數為陰；配對時以「陽配陽」、「陰配陰」的原則，按順序搭配成甲子、乙丑、丙寅、丁卯、戊辰、己巳、庚午……等六十個組合，稱為六十甲子，用它來記載年、月、日、時。

　　「干支」紀元在中國歷史上已使用了四、五千年，在五術上的應用也是無所不在。「干支」除了可以表達「時間」以外，也可用來表達「空間」。這也是中國哲學「時空合一」理論下很自然的表現。

以下是十天干的文字解釋：

甲：甲殼，種子在甲殼裡，準備破甲而出。

文字	甲 jiǎ	甲骨文
六書屬性	象形字	
文字解形	象植物種子破殼時，種皮裂開的象形。	
本義	種子萌芽時，將破未破的種殼。	
說文	東方之孟，陽氣萌動，從木戴孚甲之象。一曰人頭空為甲，甲象人頭。	

乙：新芽，新芽衝破甲殼冒出頭了。

文字	乙 yǐ	甲骨文
六書屬性	象形字	
文字解形	植物剛破土屈曲生長的象形。	
本義	象植物屈曲生長的樣子。	
說文	象春艸木冤曲而出，陰氣尚彊，其出乙乙也。與丨同意。乙承甲，象人頸。	

丙：盎然，新芽已出土，到處都是生機盎然的景象。

文字	丙 bǐng	甲骨文
六書屬性	象形字	
文字解形	象魚尾之形。	
本義	魚尾。	
說文	位南方，萬物成，炳然。陰氣初起，陽氣將虧。從一入冂。一者，陽也。丙承乙，象人肩。	

丁：茁壯，植物已經長得很結實健壯了。

文字	丁 dīn	甲骨文
六書屬性	象形字	
文字解形	釘子的俯視象形。	
本義	釘子。	
說文	夏時萬物皆丁實。象形。丁承丙，象人心。	

戊：茂盛，植物枝葉茂盛.

文字	戊 wù	甲骨文
六書屬性	象形字	
文字解形	武器的象形。	
本義	武器的一種。	
說文	中宮也。象六甲五龍相拘絞也。戊承丁，象人脅。	

己：紀識，植物的形體皆已完備，可以紀識、辨別。

文字	己 jǐ	甲骨文
六書屬性	象形字	
文字解形	象繩曲之形。「己」是古「紀」字，假借作「自己」用。	
本義	絲的頭緒，用以纏束絲。	
說文	中宮也。象萬物辟藏詘形也。己承戊，象人腹。	

庚：更替，開始結果，為了下一代做準備。

文字	庚 gēng	甲骨文
六書屬性	象形字	
文字解形	象兒時把玩的波浪鼓。又說象篩殼機，篩去稻穀裡糟糠的農具。	
本義	取波浪鼓庚庚響亮之聲。	
說文	位西方，象秋時萬物庚庚有實也。庚承己，象人臍。	

辛：換新，果實成熟，即將落土。

文字	辛 xīn	甲骨文
六書屬性	象形字	
文字解形	象古代刑刀。	
本義	刑刀。	
說文	秋時萬物成而孰；金剛，味辛，辛痛即泣出。從一從辛。辛，皋也。辛承庚，象人股。	

壬：責任，種子憑著媒介，準備找個落腳的歸宿。

文字	壬 rén	甲骨文
六書屬性	象形兼指事字	
文字解形	象一個人挑擔子。	
本義	挑擔。	
說文	位北方也。陰極陽生，故《易》曰：「龍戰於野。」戰者，接也。象人裹妊之形。承亥壬以子，生之敘也。與巫同意。壬承辛，象人脛。脛，任體也。	

癸：揆平，種子已埋於地下，等待來春再吐新芽

文字	癸 guǐ	甲骨文
六書屬性	象形字	
文字解形	象二戣，古代兵器。	
本義	古代兵器。戟屬。	
說文	冬時，水土平，可揆度也。象水從四方流入地中之形。癸承壬，象人足。	

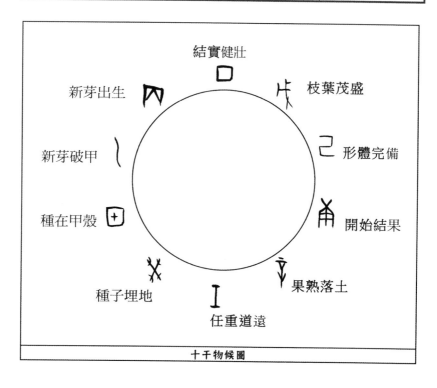

十干物候圖

十二地支

《三命通會》云：

子丑二位，陰陽始孕，人在胞胎，物藏其根，未有涯際；

寅卯二位，陰陽漸開，人漸生長， 物以拆甲，群萌漸剖，如人將有立身也；

辰巳二位，陰陽氣盛，物當華秀，如人三十、四十而有立身之地，始有進取之象；

午未二位，陰陽彰露，物已成奇，人至五十、六十，富貴貧賤可知，凡百興衰可見；

申酉二位， 陰陽肅殺，物已收成，人已龜縮，各得其靜矣；

戌亥二位，陰陽閉塞，物氣歸根，人當休息，各有歸處，

以下是十二地支的文字解釋：

文字	子 zǐ	甲骨文
六書屬性	象形字	
文字解形	象嬰兒在襁褓中，頭、臂膀，身與兩足被包裹。	
本義	嬰兒。	
說文	十一月，陽氣動，萬物滋，人以為偁。象形。	

文字	丑 chǒu	甲骨文
六書屬性	象形字	
文字解形	象手抓物，手指彎曲用力扭轉。	
本義	用力扭轉。	
說文	紐也。十二月，萬物動，用事。象手之形。時加丑，亦舉手時也。	

文字	寅 yín	甲骨文
六書屬性	象形字	
文字解形	中為矢形。	
本義	恭敬。	
說文	髕也。正月，陽氣動，去黃泉，欲上出，陰尚彊，象宀不達，髕寅於下也。	

文字	卯 mǎo	甲骨文
六書屬性	象形字	
文字解形	象兩扇門打開之形。一說為「殺」或鑽孔的工具。	
本義	門開著。	
說文	冒也。二月，萬物冒地而出。象開門之形。故二月為天門。	

文字	辰 chén	甲骨文
六書屬性	象形字	
文字解形	象蚌殼類軟體動物的之形。	
本義	蚌殼，為遠古時代的一種農具。	
說文	震也。三月，陽氣動，靁電振，民農時也。物皆生，從乙、匕，象芒達；廠，聲也。辰，房星，天時也。從二，二，古文上字。	

文字	巳 sì	甲骨文
六書屬性	象形字	
文字解形	象胎胞中未出生的生命。	
本義	胎胞中未出生的生命。	
說文	巳也。四月，陽氣巳出，陰氣巳藏，萬物見，成文章，故巳為蛇，象形。	

文字	午 wǔ	甲骨文
六書屬性	象形字	
文字解形	御馬索或杵臼的杵的原形。	
本義	杵的原形。	
說文	牾也。五月，陰氣午逆陽。冒地而出。此予矢同意。	

文字	未 wèi	甲骨文
六書屬性	象形兼會意字	
文字解形	象果樹葉茂，果青未熟之形。	
本義	「尚未」。	
說文	味也。六月，滋味也。五行，木老於未。象木重枝葉也。	

文字	申 shēn	甲骨文
六書屬性	象形字	
文字解形	象雲層正負離子接觸爆炸的閃電之形。	
本義	閃電。	
說文	神也。七月，陰氣成，體自申束。從臼，自持也。吏臣餔時聽事，申旦政也。	

文字	酉 yǒu	甲骨文
六書屬性	象形字	
文字解形	象裝酒的器物之形。	
本義	酒。	
說文	就也。八月黍成，可為酎酒。象古文酉之形。	

文字	戌 xū	甲骨文
六書屬性	象形字	
文字解形	古代武器的象形。	
本義	武器。	
說文	滅也。九月，陽氣微，萬物畢成，陽下入地也。五行，土生於戊，盛於戌。從戊含一。	

文字	亥 hài	甲骨文
六書屬性	象形字	
文字解形	象豬形。	
本義	家畜，豬。	
說文	豕而三毛叢居者。從豕者聲。	

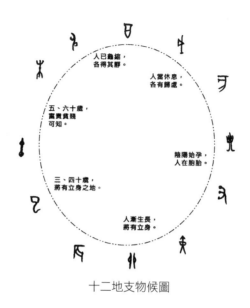

人已龜縮，
各得其靜。

人當休息，
各有歸處。

陰陽始孕，
人在胎胎。

人漸生長，
將有立身。

三、四十歲，
將有立身之地。

五、六十歲，
富貴貧賤
可知。

十二地支物候圖

二十四節氣

　　今年2008年歲次戊子，《圖象姓名學》年與年的分野跟八字同，以二十四節氣的立春為基礎，而不採西元曆的元旦或農曆的春節。

　　二十四節氣的立春，每年略有不同，但都在國曆的二月四日左右。所謂「節」就是分段落的意思，而「氣」則是氣象與物候。二十四節氣是古代人民在長期的農耕經驗中，為適應天時與地利而發展出的農業指導規則。

　　節氣是根據地球繞太陽公轉軌跡上的位置劃分，按照地球天氣物象的情況而取名字。地球繞太陽運動一週走360度而成一年，將360度分為24等份，每份就是15度，15度成為一個節氣，每個節氣約15天。傳統子平八字對月份的計算，就是以節氣為準，「一節」與「一氣」就是一個月了。為便於瞭解，茲列出二十四節氣表以為參考：

節氣	含意	黃道角度	陽曆時間
立春	春季的開始	315°	2月4日前後
雨水	降雨開始，且逐步增多	330°	2月19日前後
驚蟄	春雷作響，驚動了蟄伏在土壤裡冬眠的蟲類	345°	3月5日前後
春分	晝夜均分長短相等	0°或360°	3月20日前後
清明	空氣清新明潔、逐漸轉暖、草木翠綠	15°	4月5日前後
穀雨	降下有利穀類作物的生長的雨水	30°	4月20日前後
立夏	夏季的開始	45°	5月5日前後
小滿	作物的籽粒開始成形，尚未飽滿	60°	5月21日前後
芒種	作物果子核已長出禾芒	75°	6月5日前後
夏至	至者極也，太陽直射北回歸線	90°	6月21日前後
小暑	天氣已熱，尚未達到極點	105°	7月7日前後
大暑	天氣最熱的時候熱	120°	7月23日前後
立秋	秋季的開始	135°	8月7日前後
處暑	暑熱即將慢慢退去	150°	8月23日前後
白露	氣溫始降，天氣轉涼，晨露出現在草木上	165°	9月7日前後
秋分	晝夜均分長短相等	180°	9月23日前後
寒露	氣溫漸低，漸有寒意	195°	10月8日前後
霜降	天氣更寒，開始有霜	210°	10月23日前後
立冬	冬季的開始	225°	11月7日前後
小雪	開始瑞雪，雪量尚小	240°	11月22日前後
大雪	雪量變大，隆冬將至	255°	12月7日前後
冬至	冬天極至，太陽直射南回歸線	270°	12月22日前後
小寒	即將步入一年中最冷的時候	285°	1月5日前後
大寒	一年中最冷的時候	300°	1月20日前後

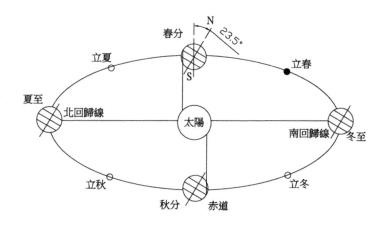

太陽與地球位置圖

　　為便於背誦，先人也把二十四節氣編成歌謠如下：

　　「春雨驚春清明雨，夏滿芒夏暑又暑，秋處露秋寒霜降，冬雪雪
冬大小寒。」

「六十甲子」表

丁巳 1917，1977 己巳 1929，1989 辛巳 1941，2001 癸巳 1953，2013 乙巳 1965，2025	戊午 1918，1978 庚午 1930，1990 壬午 1942，2002 甲午 1954，2014 丙午 1966，2026	己未 1919，1979 辛未 1931，1991 癸未 1943，2003 乙未 1955，2015 丁未 1967，2027	庚申 1920，1980 壬申 1932，1992 甲申 1944，2004 丙申 1956，2016 戊申 1968，2028
丙辰 1916，1976 戊辰 1928，1988 庚辰 1940，2000 壬辰 1952，2012 甲辰 1964，2024	表格內以西元紀年編排。 找出欲查的年份再對照列示於旁的干支， 就可得到所查當年的干支。 為便於記誦，讀者可以將此十二宮格置放 於自己的左手上。用拇指去點出所要查詢 的年份，這就是所謂的「掌法」或「掌 訣」。		辛酉 1921，1981 癸酉 1933，1993 乙酉 1945，2005 丁酉 1957，2017 己酉 1969，2029
乙卯 1915，1975 丁卯 1927，1987 己卯 1939，1999 辛卯 1951，2011 癸卯 1963，2023			壬戌 1922，1982 甲戌 1934，1994 丙戌 1946，2006 戊戌 1958，2018 庚戌 1970，2030
甲寅 1914，1974 丙寅 1926，1986 戊寅 1938，1998 庚寅 1950，2010 壬寅 1962，2022	癸丑 1913，1973 乙丑 1925，1985 丁丑 1937，1997 己丑 1949，2009 辛丑 1961，2021	壬子 1912，1972 甲子 1924，1984 丙子 1936，1996 戊子 1948，2008 庚子 1960，2020	辛亥 1911，1971 癸亥 1923，1983 乙亥 1935，1995 丁亥 1947，2007 己亥 1959，2019

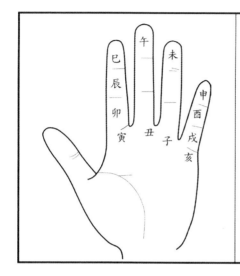

掌訣：
依序把十二地支納入左手手掌，
這樣可以方便記憶與使用。
建議使用方法為選定一個地支宮
位為定點（通常為自己的出生
年），再往前往後推算。
以1972年生人為例：
1972年為壬子年，如果要算1978
年的天干地支，可以用1972年為
定點，往後推算。其他年份仿此
方式推斷之。

「納音五行」

　　「姓所以有百者何？以為古者聖人吹律定姓，以紀其族。人含五
常而生，聲有五音，宮、商、角、徵、羽，轉而相雜，五五二十五，
轉生四時，故百而異也。氣殊音悉備，故殊百也。」

　　針對納音五行《三命通會》有云：

　　「昔者，黃帝將甲子分輕重而配成六十，號曰花甲子，其花字誠
為奧妙，聖人借意而喻之，不可著意執泥。夫自子至亥十二宮，各有
金、木、水、火、土之屬，始起於子為一陽，終於亥為六陰，其五行
所屬金、木、水、火、土，在天為五星，於地為五嶽，於德為五常，
於人為五臟，其於命也為五行，是故甲子之屬乃應之於命，命則一世

之事，故甲子納音象，聖人喻之，亦如人一世之事也，何言乎？」

以《圖象姓名學》而言，不管是「姓氏」或「名字」都有五行屬性。姓氏的「文字五行屬性」與生年「納音五行」比對，可以看出命主幼年的境遇，與祖德的厚薄。再以流年的「納音五行」，比對命主的「天、地、人」文字五行之間的生剋制化，就可以判斷命主流年的窮通。

舉例而言 ：

百家姓五行屬「木」者，若生於屬「水」的年份，因為水生木，基本上可論為命好之人，在須要時容易得到別人幫助。若生於屬「火」的年份，對家人、朋友就會比較付出。若生於屬「土」的年份，「木」剋「土」，我剋者為財，表示命主肯做就有得吃。若生於屬「金」的年份，命主比較容易遭遇到受考驗之事。若生於屬「金」的年份，以持平論。

文字	音 yīn	甲骨文
六書屬性	指事字	
文字解形	甲骨文「言、音」互用，金文在「言中加一橫，表示所發之音。	
本義	聲音。	
說文	聲也。生於心，有節於外，謂之音。宮商角徵羽，聲；絲竹金石匏土革木，音也。從言含一。	

文字	律 lǜ	甲骨文
六書屬性	形聲兼會意字	
文字解形	從彳,聿聲。付諸文字(聿:手拿筆的樣子),對人們的行為(彳:指行動)有約束力的條文、規則。	
本義	法律、法令。	
說文	均佈也。從彳聿聲。	

以下列出,六十甲子與納音五行對照表,供讀者參考。

六十甲子納音五行表

己巳 大林木	壬午 楊柳木	癸未 楊柳木	庚申 石榴木
乙巳 覆燈火	戊午 天上火	己未 天上火	丙申 山下火
丁巳 沙中土	庚午 路傍土	辛未 路傍土	戊申 大驛土
辛巳 白臘金	甲午 沙中金	乙未 沙中金	壬申 劍鋒金
癸巳 長流水	丙午 天河水	丁未 天河水	甲申 井泉水
戊辰 大林木			辛酉 石榴木
甲辰 覆燈火	背誦口訣		丁酉 山下火
丙辰 沙中土	甲乙　錦(金)江(水)煙(火)		己酉 大驛土
庚辰 白臘金	丙丁　沒(水)谷(火)田(土)		癸酉 劍鋒金
壬辰 長流水	戊己　營(火)堤(土)柳(木)		乙酉 井泉水
辛卯 松柏木	庚辛　掛(土)杖(木)錢(金)		戊戌 平地木
丁卯 爐中火	壬癸　林(木)鐘(金)滿(水)		甲戌 山頭火
己卯 城頭土			丙戌 屋上土
癸卯 金箔金			庚戌 釵釧金
乙卯 大溪水			壬戌 大海水
庚寅 松柏木	癸丑 桑柘木	壬子 桑柘木	己亥 平地木
丙寅 爐中火	己丑 霹靂火	戊子 霹靂火	乙亥 山頭火
戊寅 城頭土	辛丑 壁上土	庚子 壁上土	丁亥 屋上土
壬寅 金箔金	乙丑 海中金	甲子 海中金	辛亥 釵釧金
甲寅 大溪水	丁丑 潤下水	丙子 潤下水	癸亥 大海水

上表口訣的使用方式：

年干逢甲或乙時，地支子丑、午未則該年五行屬金，地支寅卯、申酉則該年五行屬水，地支辰巳、戌亥則該年五行屬火。

年干逢丙或丁時，地支子丑、午未則該年五行屬水，地支寅卯、申酉則該年五行屬火，地支辰巳、戌亥則該年五行屬土。

年干逢戊或己時，地支子丑、午未則該年五行屬火，地支寅卯、申酉則該年五行屬土，地支辰巳、戌亥則該年五行屬木。

年干逢庚或辛時，地支子丑、午未則該年五行屬土，地支寅卯、申酉則該年五行屬木，地支辰巳、戌亥則該年五行屬金。

年干逢壬或癸時，地支子丑、午未則該年五行屬木，地支寅卯、申酉則該年五行屬金，地支辰巳、戌亥則該年五行屬水。

以丁亥年為例，納音五行速記（丙丁沒谷田）為土，如果要更詳細的資料，可以再查表得屋上土。

第四章

取名注意事項

第一節　取名的避諱

一、避免不雅的字與諧音

　　三國時有個「宋忠」，乃荊州刺史「劉表」的手下。劉表死後，他兒子「劉琮」不顧劉備死活降於曹操並令宋忠向曹操上「降書」。回程，路過新野，被劉備的大將關雲長給逮住，劉備遂知此噩耗。這下子，「宋忠」可真是給劉備「送終」而來，劉備聞訊倉皇而逃。

　　現實生活中，名字取不雅諧音者大有人在，基於「厚道」，不便列出。父母於取名時對此避諱，不可不查。

二、避免具有殺傷性的部首

　　中國文字演變已久，很多字都反映了冷兵器時代武器的象形，如

　　「我 ㄛ 」：三叉戟。冷兵器時代作戰用的長柄武器。

　　「國 ㄈ 」：大國併小國。大口圍「口 ㄉ 」＋或字「或 ㄎ 」，國與國間利益分明。只要有利益衝突必定兵戎相見。就像「美國」打「伊拉克」，名義上是為了解放伊拉克人民於水火，事實是如何又是另一回事。

　　「成 ㄎ 」：乃為大刀。隨身帶把匕首都嫌危險，何況是帶把大刀呢！

三、避免用要求過高或者意象不好之字

（1）女人常用字：

「貞」

所謂「貞」即忠貞，民國以前的封建社會，很流行「貞節牌坊」。使用此字的人，不外乎是期許或被期許有個「忠貞」情操。殊不知這個字所勾遭的姻緣，對婚姻容易有不好的影響。究其原因何故？

在封建社會，對於申請「貞節牌坊」的女人，最基本的要求

1、三十歲以前丈夫去世。

2、至少守寡守到五十歲。

由以上就可得知，「貞」的靈動對婚姻的影響。

「宜」

所謂「宜其室家」係出自《詩‧周南‧桃夭》

桃之夭夭，灼灼其華。之子於歸，宜其室家。

桃之夭夭，有蕡其實。之子於歸，宜其家室。

桃之夭夭，其葉蓁蓁。之子於歸，宜其家人。

這首《桃夭》是為出嫁的女子而寫。詩人祝禱她出嫁後開枝散葉，並與夫家相處融洽。

表面看起來的確是「宜室宜家」，但殊不知「宜」字的文字組成，從「宀」、從「且」。「宀」有正廳之貌，無可議之處。但是「且」字為「祖」的一半，有「神主牌」之象。傳宗接代、光宗耀祖本來就是男人的責任，結果一個女子要背著「神主牌」到處跑，家裡男人都哪去了？此字用之不可不慎。

若以甲骨文的「且」論之，「」為俎板上的肉，有任人宰割之

象，也很不理想。

（2）男人常用字：

「聖」 𦵼

孟子曰：「伯夷，聖之清者也；伊尹，聖之任者也；柳下惠，聖之和者也；孔子，聖之時者也。」

當你決定要用「聖」字時，你打算做哪位聖人呢？使用了什麼文字，使用者的行事做為，就必須符合文字義的要求，這樣才可以使用到文字的能量，否則此字對命主不但不能有加分作用，還有拖累之嫌。如果你問是如何的拖累呢？那大概就是容易「不得志吧」！

「文」 𠁣

「文」在古代名字的使用上，是要表達讀書人的「文采」卓著，有長輩的期望與要求，也有對於自身的勉勵。自古「文人相輕」，有些士人即使在文壇頗有立論，也未必得到大家的認同，更何況如果你只是草包一個卻把「文」當作名字呢！

「名不正則言不順」，所以現代人要使用「文」字取名，宜注意對學歷的自我要求。

以上所說對「文」字的要求，可說是「用字」的功夫。以「文」命名，除了要注意文字本身字意的要求外，還要注意文字的呈象。「文」有兩筆交叉「乂」之圖象，「乂」可以引身為「十字路口」的意象，表示用此字的人在人生的過程中常常會面臨須要抉擇的情況。再以「宮位重疊」之理，就可檢視命主所呈現問題之所在。

行筆至此，日前剛好有個財經名人寶來集團董座「白文正」身亡

的消息。事情的導因或許千頭萬緒，但是死亡的導火線卻是「文憑的正當性」。事情的發生是否純屬巧合，就值得讀者自行推敲了。

四、男人不取女人用字，女人不取男人用字

（1）女人用男人字，常會有擔家綱，勞碌不堪之擾。

「美」 🕴 就是個典型的例子。

《戰國策·齊策》：「鄒忌脩八尺有餘，身體昳麗。朝服衣冠窺鏡，謂其妻曰：『我孰與城北徐公美？』」古代都稱美男子而不稱美女子。可知「美」這個字，是給男人用的呢！

另外唐朝詩人杜甫，字子美也是一例。

再以文字學的觀點來看，羊大為「美」，當老大的就要認份任事囉！

「英」 🕴 字：

歷史故事裡有兩位讓人們津津樂道的巾幗英雄，一位是代父從軍的「花木蘭」，一位是楊門女將「穆桂英」。

「花木蘭」是因為家裡男丁凋零只剩老父一人，不得已只好代父從軍，投身疆場。

「穆桂英」是因為楊家的男人都英勇的為國捐軀了，為了家族的光榮，只好自己披甲上陣。

雖然說，現在民風開放，女人在職場、政壇等也有很多嶄露頭角的機會。但是女人要當「英雄」要付出的代價還是相對較高。如果可以選擇，還是避之較好。

（2）男人用女字，就會有女象，男人常用的「女」字有：

「威」　：惡婆婆。「安」　：女子在室為安。

日前看到一篇報導，有一個男人叫做「陳雅琳」，長得也頗為斯文，未見過他面的人，常因名字誤以為他是女性，命主也不以為意。以姓名學看這個狀況，「陳」＋「雅」有一個「邪」字，剛好命主常被「誤認為（想邪了）」是女的，也算有符合姓名所透露的「象意」。

男人女象畢竟不理想，用者可避則避之。

第二節　取名的要求

一、「天、地、人」三字組成的文字意要通順

　　文字含意的通順與否乃用字取名首要之點。通不通順的判斷，要看姓與名是否可以構成一幅合理的圖象，也就是姓名的意義通不通順，姓與名字的字意不可互相矛盾。當然圖象要以「善象」為佳，如果呈象不佳，再通順也枉然。

二、「天、地、人」位，生剋要合宜

　　雖說「天大、地大、人亦大」，當把三個宮位排起來比對的時候，大小還是要論一論。天就是天，就算要「天人合一」，也是「人合於天」而不是「人定勝天」。而且天不會要求人來「天人合一」，但人不「天人合一」可就後患無窮。現在人們提倡的環保運動，也是「天人合一」的一種表現。所以人要「生」天。

　　天在上，地在下，「太陽」沒有光，「月亮」可以有亮嗎？所以「天」要「剋」地。

三、名字「五行」要俱全

　　五行各有屬性，也各有所代表的人、事、物。如果五行有缺，表命主在該五行屬性所代表的人、事、物上容易有缺憾。

　　木主免疫力、主夫妻、主邏輯性。如果五行缺木，在這幾個領域的表現，就容易有不足的地方。

五行以齊全為佳，多與不及都不理想。如果說木主夫妻，要姻緣旺就在名字裡取了好幾個木部首的文字，夫妻是一對一的關係，機會太多反而無所適從。以前聽過一個案例，兩個條件很好的男生，同時追求一個條件不錯的女生，這個女生因為兩個追求者的條件都很合意而不知如何選擇。她為了兩個都不得罪，最後就選擇了信奉主耶穌，當主的僕人終生不嫁。

四、注意用字的輩分與排序

《白虎通》云：「稱號所以有四何？法四時用事先後，長幼兄弟之象也，故以時長幼號曰伯、仲、叔、季也。伯者，長也，伯者子最長，迫近父也。仲者，中也。叔者，少也。季者，幼也。」

據「婚生三月而加名」，「男子二十，冠而字」。古人的名是在未成年時的稱呼，到了成年禮之後才有「字」的使用。既已成年，表示正式的踏入社會，家庭社會的倫理規範就在「字」裡彰顯。所以以伯（孟）、仲、叔、季表示在家中兄弟的排序，或者用子、公、文、士等以表尊敬或期許。

現在我們把名與字混為使用，雖混為使用，但在名字裡對輩分的要求還是不可不查。因為文字有長幼之序。長者就該用長者之字，如果長者用小字，小者用大字，恐有逃避或剋上的問題。

筆者有位男性友人，他的弟弟叫「X白X」，他自己則叫「X欣X」，在《圖象姓名學》而言，弟弟的人格取用白字（白；伯有長子之意）會有刑剋哥哥之嫌的。不可不查。

五、接收納音的能量

　　文字五行各有屬性，人出生後的百家姓屬性無從選擇，但是名字卻是可以調整的。納音既為「音」，它是能量的一種形式，以《圖象姓名學》而言，文字的五行屬性可以決定命主接收能量的種類。能量的種類以中國五術而言，不外乎金、木、水、火、土。文字本身好比是天線，不同的天線可以替命主接收不同的能量。

六、注意文字部首的組合

　　文字的形成雖各有章法，我們也不能隨意創造文字。文字是必須獲得普世認同而沒有爭議，才可以具有普世認同的能量。這也是一種「名不正則言不順」的表現。

　　在《圖象姓名學》裡，我們常常可以把「部首」重組以檢視其有無不好的圖象出現。比如後面「意氣之爭」案例裡的「木」＋「告」就是一例。

　　筆者有位朋友，叫做「林迦X」就有「木」＋「加」（枷：拘繫罪人的手銬）的組合。筆者頗擔心而提醒他，但人各有福分也強求不得。只希望他多小心，可以把大事化小，小事化無。

第五章

姓氏趣談與姓名案例

在歷史上「文字」、「姓氏」各有演變。一個「文字」就是一部「歷史」，如果我們尋本探源，每個「姓氏」也可以寫成一部「歷史」。我們現在使用的中文被稱做「繁體字」，這是要有別於海峽對岸的「簡體字」。

「文字」隨著「文化」而轉變，「文字」表現「文化」，「文化」創造「文字」，下面一則關於「百家姓」的小故事，聽了讓人不禁莞爾。

中國大陸近年來為了要控制人口而實行一胎化政策，兩家不同姓氏的聯姻，只能生一個小孩。這樣的狀況對女方就顯然很不公平。因為女方的父母在一胎化的政策下只能生一個小孩，男方當然也相同。所以當兩方的小孩再次聯姻後，又只被允許生一個小孩。這意味著兩家的「姓氏」裡只有一個可以存續。這對中國傳統傳宗接代的觀念是有很大的衝突的。所以中國時下社會的家庭，常常會因為新一代聯姻生下的小孩到底該從誰的「姓」，時有爭議。

在中國蘇州發生的一個真實故事，就跟上述的窘境有關。

故事的主角叫「阿強」，他與妻子「卞玲」就要歡歡喜喜迎接新生的寶寶。但沒想到夫妻雙方的父母卻為了小孩要用誰的姓而吵得不可開交。

阿強的爸爸姓「蔣」，所以希望剛出生的寶寶也姓「蔣」。

阿強的媽媽姓「宋」，也嚷嚷著剛出生的寶寶要姓「宋」。

「卞玲」的父親說不行，小孩得姓「卞」。

「卞玲」的母親也誰都不依，硬要小孩姓「沈」。

結果，妳知道發生了什麼事？小孩最終不姓「蔣」、「宋」，也不姓「卞」、「沈」；最後他們四姓達成了協議，讓小孩姓「点」。為什麼呢？

因為「点」字有四人分別佔有之象。就這樣擺平了一場爭執。我們也看到了一個「文字」使用與「姓氏」演變活生生的例子。

二：「意氣之爭」

　　某年的跨年夜裡，命主「X至誠（至 🈯 誠 ⚒ ）」吃完年夜飯後欲去續攤，在續攤的路程上遇上了同樣喝得醉茫茫的「林皓X（林 🈯 皓 🈯 ）」（有前科）與「X智成（智 🈯 成 🈯 ）」。雙方互瞄不順眼，爆口角後進而大打出手，混亂中「林皓X」掏槍當街連開三槍，其中兩槍貫穿「X至誠」胸部，送醫急救一小時仍回天乏術。

　　上面的事件中，如果以」《圖象姓名學》」的角度來看，「X至誠」的「人格」是個「至」 🈯 字，就是「箭射到的地方」，古代用箭，現代用槍，所以以現代的語言來說，就是「子彈射到的地方」。這個象意正符合發生在命主身上的槍擊意外。

　　事後「X至誠」的父親哽咽的表示，他同年本來打算送兒子出國攻讀法律碩士，不料和朋友跨年狂歡，卻發生不幸。以《圖象姓名學》的角度看，命主「X至誠」的確是有以語言當武器（言＋成） 🈯 ＋ 🈯 ，也就是當律師的能力，壯志未酬不無遺憾。

　　另外此案例中「林皓X」這個名字，在學理上也有一個要注意的地方，名字的部首（木＋告） 🈯 ＋ 🈯 可以組成一個「梏」 🈯 字，梏字的字意就是「拘繫罪人的腳鐐」，有這種組合的名字一定要小心官司纏訟的遭遇。

三：「駭人聽聞的血案」

馬翃X有留過洋的高學歷，因女友要分手，失去理性的以玉石俱焚的方式結束了自己與對方的生命。事後馬母透露，命主有躁鬱症病史，希望受害者家屬可以給予犯錯的兒子寬量。

以《圖象姓名學》的觀點來看：

馬，主節，主怒，對人類是很重要的牲畜之一。在人類還未發明以石油為動力的汽車之前，馬也是人類很重要的代步憑藉。平常駄重負物，戰時沙場馳騁。所謂「行天莫如龍，行地莫如馬」。歷史上廣為人知的駿馬不少，如楚漢相爭的項羽所乘的的馬名為「騅」，可日行千里。三國時呂布所乘的駿馬名「赤兔」。劉備避樊城之難，過檀溪，所乘的馬「的盧」等。岳飛曾做「良馬對」，藉「良馬」與「駑馬」的比較，諷喻當時為官者的躁進與庸碌。

翃，蟲飛之意。蟲的飛行，一秒鐘拍動翅膀的次數超過千次。其動能也是令人類驚奇。

「馬翃X」這三個字的組合，透露出很大動態的能量（火的能量）。但也透露很大的潛在問題。

「馬翃X」，既與「馬」有關，我們就來檢查一下他是「千里良馬」之才，還是「駑鈍之馬」。

命主百家姓為「馬」，在文字結構上沒有什麼問題，命主家境富裕，衣食無缺。但代表「個性」、「交友處事態度」的「翃」字，卻出現了很大的破綻。「翃」，有群蟲亂舞之象，「蟲」字之所以以

「三個虫相重」而成，象其量多的之意。以「馬蝐X」觀之，此名字呈現的象意，為一匹群蟲飛舞圍繞不去的馬。使用這種文字的命主容易置身於惡劣的環境中，或者容易有精神上的疾病。不管從哪個角度來看，都不是一幅善象。

同樣，以「蝐」字命名的，我們再舉一個例子以茲比較。

在《舊唐書》記載一位叫「王蝐」的人，「王蝐，太原晉陽人也。兄蝐，乾元中累官至京兆少尹。性謙柔，淡於聲利。自商州刺史遷襄州刺史、山南東道節度觀察等使。入朝，充北蕃宣慰使，稱職。代宗素重之，及即位，目為純臣。遷刑部侍郎、御史中丞。居憲司，雖不能舉振綱條，然以謹重知名。大歷二年卒。」

王蝐，若以與「馬蝐X」一樣的學理探究之，「王蝐」有蟲首之意，如蟻王、蜂王等，有眾人擁戴之意。王蝐官拜御史中丞，留名於青史。同樣一個字「蝐」，配上了不同百家姓會有截然不同的呈象。說明名字與百家姓的的搭配，不可不查。

四：「烈焰噬人」— X螢烜、X鎔X

　　一個發生在台灣南部的一場火警，過程中，雖然房屋的女主人奮勇衝入火海搶救，最終還是敵不過無情的祝融，造成三死的悲劇。在這起火災裡，屋主的兩位兒子，「X鎔烜」與「X螢烜」當場死亡的。

　　以《圖象姓名學》的角度看：

　　「鎔」 字，可以把金屬融化，溫度之高可以想像。

　　「烜」字，是火燒旺盛貌。

　　在事件後，消防人員勘驗火場，發現一樓客廳牆壁電氣箱附近，有條嚴重燒毀的延長電線，懷疑就是起火點，起因疑是電線走火。什麼樣的文字符號，就容易招惹什麼樣的姻緣際會。命主姓名裡，若有類似的意象，在用電、用火方面，不可不慎。

五：「折翼天使」

　　主角是位上國中的「X韋齊」，小時候半夜發高燒掛急診，竟休克昏迷、器官衰竭，兩週後「四肢」組織壞死不得不截肢。

　　雖身體有殘疾，命主個性開朗、活潑，她不向殘疾低頭，更選擇以殘缺的四肢「跳舞」、「彈琴」展現自己的生命。她的努力得到各界的肯定，還表示她長大後想當舞蹈家與音樂家，到世界各地巡演。

　　以《圖象姓名學》的觀點來看：

　　「X韋齊」的名字用字裡，有一個要非常值得注意的字，那就是在「地格」代表「手足四肢」的「齊」字。以下是」齊」字的文字解釋：

　　齊 ⺮ 象形。甲骨文字形，象「禾麥穗長得平整的樣子」。本義：禾麥吐穗上平，引伸為「齊平」。

　　由「禾麥吐穗上平整」之象，齊字還可以引伸做「剪平」、「齊平」之意（古字「齊」、「剪」同字）。

　　1、以「齊」字文字義與命主的名字的地格（手腳四肢）之「宮位義」相重疊解釋，就有「手腳被切齊之象」。

　　2、再加上「韋」 ⺮ 字，也含有「手腳四肢」的意象在裡面，「韋」＋「齊」進而加強命主遭遇的靈動。

　　命主雖肢體殘缺，但她還是不服輸的（「齊」字，迎頭趕上的靈動力）努力，很珍惜自己還有的資源，「舞」（「韋」字，「舛」的靈動力）出生命的樂章。

六：「逆境小巨人」

　　X俞傑於是年就讀國小一年級，小時候在幼稚園和同學玩被推了一把，原本以為沒什麼事，但後來左腳卻出現了瘀青，且愈腫愈大塊，經醫院診斷是左腿先天動脈缺損，須動手術切除腳板。當厄運剛發生時，命主幼小的心靈也無法承受這麼大的打擊，他一直問媽媽，為什麼這樣的事情會發生在自己身上？在媽媽的鼓勵下，終於克服心理障礙，自在地生活在人群中。現在命主不但是學校裡的「生命小巨人」，還獲得多項獎章的肯定。

　　以《圖象姓名學》的角度來看：

　　1、「俞」𦥑為「舟行水上」，有動盪不安之象。

　　2、後天補象（呈象）上又有「刖」字出現。「刖」者為古代斷足之刑也。

　　3、傑字𣎴，有舛字，有左右腳不相稱之形。

　　綜上言之：以「俞傑」論，有跛足之象。X俞傑小朋友，在逆境中成長的毅力讓人欽佩。足為我輩學習的典範。

七：「運動達人」

　　命主蕭偉志小時在一次遊戲中，不小心咬破舌根血流不止，從此發現自己有血友病。長大後的蕭偉志，是一位一百七十七公分、七十三公斤的標準身材陽光男孩模樣。雖然「血友病」病友總是給人弱不經風的印象，但命主不但克服了身體的障礙，還因為熱愛運動，擁有各項專業的運動執照。命主還成立一家運動管理公司。

　　以《圖象姓名學》的觀點來看：
　　「蕭」在文字組成上，有左片右牆，片片剝落的靈動。而且位於百家姓的「天位」，表示這種現象跟「父母」有關。以疾病論，百家姓蕭者容易帶有先天上的「慢性疾病」。
　　既為先天疾病，我們就要檢查他疾病發生在哪一個方面。此案例名字中出現兩個跟人體有關的圖象符號：
　　1.「偉」的構形裡的「韋」 表彰的腳或腳掌。此符號常常跟四肢的活動力有關。
　　2.「志」字所涵蓋的心臟，或者心血管疾病。

　　以先天慢性疾病的觀點著眼，這個名字顯示的象意應該跟心臟有關。此案例的主角，有「血友病」的先天疾病。但命主不屈服於先天疾病（蕭＋志）對於身體的束縛，本著不服輸的奮鬥精神（志的靈動）活躍在運動相關領域（韋的靈動），真可謂值得讓別人效法的生命鬥士，也提供《圖象姓名學》上如何「用字」的典範。

八：「隱形的翅膀」

　　偶像歌手張韶涵，傳出心臟不適緊急就醫事件。據報導，命主遇到天氣變化大或是太疲累時，就會出現胸悶、缺氧、四肢無力、嘔吐的症狀，而無法工作。後來檢查出她心臟有二尖瓣膜脫垂的問題。由於命主的父親也曾因為心臟病動過手術，命主妹妹也有心律不整的毛病，這次張韶涵傳出心臟問題，可能是導因於家族遺傳病史。

　　以《圖象姓名學》觀點來看：

　　1、張 𠆤：有樂器上弦之意。韶 𤔔：音乃樂音的靈動。涵 𣶒：原意為「裝有箭的箭袋」。

　　綜而言之，「張韶涵」三個字，的確顯示命主有音樂或歌唱（張＋音）的天分，可以往藝人事業發展。命主的工作對自己工作的要求很嚴格（函有緊張之象），且「內張外弛」，因為外有「水」的滋潤她的人際關係。

　　2、張：有拉弓之象。涵：裝有箭的箭袋。張＋涵：有「箭出箭袋，拉弓而射」之象。既然拉弓而箭出，「流年」一到容易傷人。容易傷到哪個部位呢？「刀＋口」在身（韶；人位；身體），容易在頸部以下肚臍以上。既在身體，身體包含五臟六腑，如何追蹤在哪呢？與「涵洞」、「涵管」有關也，人體「有管」、「有洞」、「有液體流動」的器官，應該是「心臟」吧！

　　3、報導揭露，張韶涵的心臟病可能為家族遺傳病。我們檢查一下她妹妹的名字「張韶軒」，與她有類似的象意，姊妹成同一種意象，與遺傳應有關係。

九：「失足之痛」

蔡博俊是一家園藝造景公司負責人，在一次外出工作時手持園藝巨剪、腳踏Ａ型梯清除客人委託整修的藤蔓。因為踩著梯子移動位置重心沒有控制好而向前傾倒，自將近三公尺高處摔下，而巨剪的利刃不偏不倚刺穿他戴的眼鏡，插入右眼眼眶進入腦部，深達十五公分。

以《圖象姓名學》的觀點

命主人格「博」**萬** 字，說文：「大通也。從十從尃。尃，布也」。以甲骨文來看，博的甲骨字形 **萬** ，就是田藝工作之意，這剛好與命主的職業吻合，所以可以說命主做園藝的工作有符合他的天分與興趣。

以姓名「天、地、人」三才觀之

天格百家姓「蔡」，說文：「蔡：艸也。從艸祭聲。」但甲骨文字源蔡、劉相同，甲骨文為「**大**」，有「砍腳」、「殺戮」的含意。

地格「俊」字，說文：「材千人也。從人夋聲。」在後天「呈象」上，有代表行動力的腳「夊」，還有一個可以轉象為武器、箭簇形的「厶」部首。

「厶」、「夊」五行屬火，正符合流年運，因為流年行運啟動，百家姓又有煞氣的刖足之象。命主就在使用Ａ形梯移動身軀（有**大**象）時，不小心失足讓巨剪利刃（厶的象形）插入了眼睛。

重大意外的發生，容易在姓名裡找到暗示，筆者沒有再追蹤命主的後續狀況，希望命主吉人天相轉危為安。

十：「風行草偃」

當馬政府正忙碌於交接組閣之際，內政部長熱門人選廖風德卻因心肺衰竭過世。

以《圖象姓名學》的角度來看：

1。廖 ，有寥字的含意。這個字的含意，在命主的童年起著相當的影響力，命主年幼失怙，由兄長一手拉拔長大，對人生的體悟，自然不像一般有父母呵護的幸運兒。對人性的觀察，也絲絲入扣，這也奠定命主日後可以寫下篇篇膾炙人口文章的基礎。

2。風 ，命主用他的筆寫了一篇篇膾炙人口的文章、小說。筆觸詼諧。可謂風行草偃。

命主在青年時期即在文壇享有盛名。研究所畢業後，曾任報社記者等職，文章充滿對鄉土的眷戀和對社會人道的關懷。因為「對鄉土的關懷，體察社會的悲憫與不公」，才是啟發他寫小說的元素。用「蟲兒般的文字」當作載體，表達自己對社會的關懷，進而啟發進化人心，以達風吹草地，撫慰人心之效。

3。德 ，正直、良心的行為。 廖風德擔任組發會主委，負責提名、輔選，與地方經常接觸，卻從來沒有聽說他從中想拿什麼利益。

是年流年走火運，命主名字的行運也走火運，可謂當運。火主炎上，乃升官之機會也。的確同年新內閣總統選舉勝選。有意延攬命主擔任部長，沒想到壯士未酬身先死，因為心肌梗塞的問題而促亡。火也代表心臟血液的問題。所有變化的徵兆，都在名字中有了暗示。

十一：出自「經典」

用經典裡的章句命名字的大有人在。

如：

趙雲，字子龍，取自《周易》：「雲從龍，風從虎。」風雲變幻莫測。

曹操，字孟德。取自《荀子‧勸學》：「生乎由是，死乎由是，夫是之謂德操。」

陸羽，字鴻漸。取自《周易》：「鴻漸於陸其羽可用為儀。」

高明，字則誠。取自《禮記》：「誠則明矣。」有了誠心才能明心見性。

於謙，字廷益。取自《尚書》：「謙受益。」有了謙，才能益。

《禮記》有云：「孝子之有深愛者，必有和氣；有和氣者，必有愉色；有愉色者，必有婉容。」

「婉容」也是一個取自經典的女性常用名字。用經典為名，就必須要有符合經典要求的行為，這樣才可以獲得文字（名字）的能量。在「婉容」這個名字用字裡，有一個值得注意的地方，那就是「婉」與「容」，有重複部首「宀」的出現。

1。「宀∩」的文字解釋有房屋之意。

2。女子在室為安，女子出嫁後才算正式的安定下來，所以「宀」也有女子出嫁的含意。重複部首「宀」的出現，容易有兩次嫁娶的運程。

十二：「代漢者，當塗高」

距今約兩千年前的漢朝，很流行一種「讖緯之學」。「讖緯之學」主要是架構在「河圖」、「洛書」、「陰陽五行」與「天人感應」等理論之上的一種預言方式。

所謂的「讖緯」，是由：

1、「讖」：是用隱語、預言的方式，向人們昭示未來的吉凶禍福、治亂興衰。「讖」有「讖言」、「圖讖」等形式。

2、「緯」：即「緯書」，是漢朝儒生假託古代聖人之名，依附於「經」的各種著作。

在《三國志》有一個關於「讖言」的記載。

東漢末年，有位叫周舒的人，他是位「占候」大師，他有能力依據雲氣的變化，預知吉凶禍福。

有人求教於他，問他當時流行於民間的《春秋讖》裡面的一句「代漢者，當塗高」是什麼意思，周舒回答說：「當塗高者，魏也。」於是這個解釋口耳相傳的傳了開來。

當時有個叫譙周的人聽了還是不明白，於是就以同樣的問題就教於另一位「神秘學」大師，這位大師就是杜瓊。不同於周舒以「占候」見長，杜瓊是以《說文解字》的能力聞名於世。杜瓊回答說：「魏，闕（皇宮門口旁高聳的瞭望台）名也，當塗（正當於道途之前）而高。（就是曹魏也）」譙周聽了還是不解，杜瓊又繼續解釋：「古者名官職不言曹，始自漢以來，名官盡言曹。吏言屬曹，卒言侍曹，此殆天意也。」意思就是，以前的官職都不稱「曹」，但自漢

以來，官職的名稱都跟「曹」有關係。官吏叫做「屬曹」（屬於曹氏），獄卒叫做「侍曹」（侍奉曹氏），這不就是天意嗎？後來歷史證明，東漢之後是曹魏，取代漢室的是魏呀！

杜瓊《說文解字》絕學並沒有傳人，即使親生兒子也無以繼之。

譙周對「這門學問」很有興趣，於是就按照杜瓊的思考邏輯自行參悟其中的奧妙。後來他讀《春秋左傳》裡的晉穆侯，把太子命名為「仇」。他的弟弟卻叫做「成師」。大臣師服聽了就說，名字是出於禮教的，結果現在太子叫「仇」（怨偶曰仇），弟弟卻叫「成師」，這真是生亂的徵兆呀！太子恐怕無法順利繼位了。果然在惠之二十四年，晉國開始生亂。晉穆侯死後，太子仇沒能繼位，王位被篡奪，太子仇流亡在外四年後，以復「仇」的姿態奪回了王位。而弟弟「成師」雖然沒有王位的繼承權，但受封的領土足以「成師」，經過幾代的努力，他的子孫爭得了王位。

還有一個例子，就是稱王蜀漢的「劉備」，名「備」，有「具足」之意。而其子「劉禪」，名「禪」，有「禪授」之意。「備」＋「禪」的意思就是說，「劉氏」到劉備已經夠了，劉禪要讓位給別人了。加上一些其他的跡象，譙周斷言蜀國將亡，而且是滅於「曹魏」之手。證諸史實，果不其然。

人們對譙周的預言能力嘖嘖稱奇，他自己卻說：「這沒什麼呀，我只是按照杜瓊的邏輯去推敲而已。」

上面的例子，是運用《圖象姓名學》裡「上下會意」的方法。這種應用早在兩千年前的前賢先哲就已熟稔。現在筆者為了讓讀者易於理解，所以叫它《圖象姓名學》罷了。

十三：「五行相生」

帝王	名字	五行	世	起	迄	備註
太祖	朱元璋		1	1368	1398	明朝開國皇帝。
興宗	朱標	木	2			太祖長子。早逝追封。
惠帝	朱允炆	火	3	1398	1402	興宗次子。
成祖	朱棣	木	2	1402	1424	太祖四子。靖難之變奪位。
仁宗	朱高熾	火	3	1424	1425	成祖長子。
宣宗	朱瞻基	土	4	1425	1435	仁宗長子。
英宗	朱祁鎮	金	5	1435	1449	宣宗長子。
景帝	朱祁鈺	金	5	1449	1457	宣宗次子。
英宗	朱祁鎮	金	5	1457	1464	英宗復辟。
憲宗	朱見深	水	6	1464	1487	英宗長子。
孝宗	朱佑樘	木	7	1487	1505	憲宗三子。
武宗	朱厚照	火	8	1505	1521	孝宗長子。
世宗	朱厚熜	火	8	1521	1566	憲宗孫。
穆宗	朱載垕	土	9	1566	1572	世宗三子。
神宗	朱翊鈞	金	10	1572	1620	穆宗三子。
光宗	朱常洛	水	11	1620	1620	神宗長子。
熹宗	朱由校	木	12	1620	1627	光宗長子。
思宗	朱由檢	木	12	1627	1644	光宗五子。

明朝自西元1368年到1644年，始於太祖朱元璋，終於思宗朱由檢，共16帝，276年。每個帝王都想要「萬歲」，但限於肉身，也都知道不可能達成。退而求其次，希望帝位可以「千秋萬代」。

　　以《圖象姓名學》來看：

　　自開國皇帝明太祖以來，其子孫的「名」，從「木」開始，世代「相生」，以期國祚永續。

　　「地格」代表事業，也就是皇帝的帝業，太祖的「皇子」，以「木」取名，「皇孫」以「火」取名，「木」生「火」、「火」生「金」，五行相生在「地格」，希望藉此「帝位」一代傳一代，代代相生，永遠不絕。

　　所謂：「地勢坤，君子以厚德載物。」沒有的德政，就沒有了民心，也就沒有萬民的擁戴，江山易手只是遲早的事。國運如此，家運亦然。

第六章

六書百家姓
象形與指示

「姓」既為人我不同群體的標識，「名」既為不同個體的稱呼，瞭解姓與名的含意就成為識別個人非常有效率且直接的一個管道。不管「姓」或是「名」都是由文字所構成，所以要解讀一個稱為人的個體，理所當然的可以從對文字的認識開始。

時下台灣命名的習慣通常以兩個字居多，加上姓氏，整體上以三個字為常見。但不管二、三或四個字的姓名，都是以姓為起頭，所以在姓名學上「姓」就起著火車頭的作用。姓氏不同、意義就不同，即使取相同的名字，因姓氏不同而造成的影響也可能天壤之別。即使姓氏相同，對姓的取「意」不同，整個名字的「象意」也會隨著改變。就像文章的「起、承、轉、合」，這個「起」也是起心動念的「起」。對姓氏意義瞭解越深，對姓名的判斷體悟也可以越深。這是對姓名學有興趣的讀者不可忽略的部分。以下章節筆者引用宋時的童蒙讀本《百家姓》，以百家姓的姓氏為體，嘗試用甲骨文字形介紹姓氏文字的原始含意。另外輔以東漢文字大師許慎的《說文解字》予以補充。還引用時下字典對此姓氏的解釋給讀者參考。

《百家姓》「六書」的分類是以隸書（楷書）為主，甲骨文為輔的基礎下編列。

象形篇

百家姓	巴 ba	甲骨文
六書屬性	象形字	
文字解形	象人跪跽以表屈服。	
本義	屈服。	
說文	蟲也。或曰食象蛇。象形。凡巴之屬皆從巴。	
字義	1.姓。 2.古代傳說中的一種大蛇：巴蛇吞象。 3.古族名。	

百家姓	白 bái	甲骨文
六書屬性	象形字	
文字解形	象拇指指甲部位。指甲基部顏色為白色。	
本義	手的大拇指指甲。	
說文	此亦自字也。省自者，詞言之氣，從鼻出，與口相助也。凡白之屬皆從白。	
字義	1.姓。 2.白色：白色為綜合色的展現；也可以代表純潔無瑕。	

百家姓	貝 bèi	甲骨文
六書屬性	象形字	
文字解形	象貝殼形。古時以貝殼為貨幣或裝飾品。故從「貝」的字多與財物、飾品或商品有關。	
本義	貝殼。	
說文	海介蟲也。居陸名猋，在水名蜬。象形。古者貨貝而寶龜，周而有泉，至秦廢貝行錢。凡貝之屬皆從貝。	
字義	1.姓。 2.古代貨幣。 3.蛤蠣等軟體動物的統稱。特指有介殼的軟體動物。	

百家姓	卜 bǔ	甲骨文
六書屬性	象形字	
文字解形	象占卜時龜甲上的裂紋。	
本義	古時占卜，用龜甲稱卜，用蓍草稱筮，合稱卜筮。	
說文	灼剝龜也，象灸龜之形。一曰象龜兆之從橫也。凡卜之屬皆從卜。	
字義	1.姓。 2.古代貨幣。 3.蛤蠣等軟體動物的統稱。特指有介殼的軟體動物。	

百家姓	巢 cháo	甲骨文
六書屬性	象形字	
文字解形	隸書，下邊象樹木，木上是三隻鳥和鳥窩。	
本義	鳥窩。	
說文	鳥在木上曰巢，在穴曰窠。從木，象形。凡巢之屬皆從巢。	
字義	1.姓。 2.有巢氏：傳說古代巢居階段的祖先。 3.鳥獸藏身的地方。	

百家姓	刁 diāo	甲骨文
六書屬性	象形字	
文字解形	一種有柄的小斗子，白天可供一人燒飯，夜晚巡更敲擊用。	
本義	古代行軍用的小斗子。	
說文	無收錄此字。	
字義	1.姓。 2.狡猾：刁民。 3.機靈：技術刁鑽。	

百家姓	丁 dīn	甲骨文
六書屬性	象形字	
文字解形	俯視所見的釘頭之形。	
本義	釘子。為「釘」的古字。	
說文	夏時萬物皆丁實。象形。丁承丙，象人心。凡丁之屬皆從丁。	
字義	1.姓。 2.天干的第四位。 3.能擔任賦役的成年男子。 4.男生的簡稱。	

百家姓	豐 fēng	甲骨文
六書屬性	象形字	
文字解形	甲骨文象一器物內盛有丰形物，下面「豆」是古代盛器。	
本義	盛有貴重物品的禮器。	
說文	豆之豐滿者也。從豆，象形。一曰《鄉飲酒》有豐侯者。凡豐之屬皆從豐。	
字義	1.姓。 2.盛多：豐盛。 3.容姿美好：豐姿。 4.農作物的生成好：豐年。 5.地名。	

百家姓	方 fāng	甲骨文
六書屬性	象形字	
文字解形	象農務圓鍬之形。	
本義	圓鍬。	
說文	併船也。象兩舟省、總頭形。凡方之屬皆從從方。	
字義	1.姓。 2.船：諾亞方舟。 3.位置；方向：上方；正方。 4.辦法：方法。	

百家姓	干 gān	甲骨文
六書屬性	象形字	
文字解形	象叉子一類的獵具、武器。原本是用來進攻，後來發展為防禦用。	
本義	盾牌。	
說文	犯也。從反入，從一。凡干之屬皆從干。	
字義	1.姓。 2.冒犯：干犯。 3.牽連：毫不相干。 4.主體：主干、干支。	

百家姓	高 gāo	甲骨文
六書屬性	象形字	
文字解形	象樓臺重疊之形。	
本義	相重疊的屋宇。	
說文	崇也。象臺觀高之形。從冂、口。與倉、舍同意。凡高之屬皆從高。	
字義	1.姓。 2.指距地面遠：高處不勝寒。 3.形容程度從一般中勝出：高人、高手、高見、高興。	

百家姓	戈 gē	甲骨文
六書屬性	象形字	
文字解形	象一種長柄兵器形。	
本義	兵器。	
說文	平頭戟也。從弋，一橫之。象形。凡戈之屬皆從戈。	
字義	1.姓。 2.中國古代的主要兵器：橫刃長柄，可以橫擊。 3.戈壁：泛指沙漠地區。	

百家姓	宮 gōng	甲骨文
六書屬性	象形字	
文字解形	象房屋形。裡面的小框框象彼此連通的居室。	
本義	古代對房屋、居室的通稱（秦、漢以後特指帝王之宮室)。	
說文	室也。從宀，躬省聲。凡宮之屬皆從宮。	
字義	1.姓。 2.房屋，又專指帝王的住所：宮殿 。 3.廟宇的名稱：道宮。 4.五音之一：宮、商、角、徵、羽。 5.宮刑：古時閹割生殖器的刑罰。	

百家姓	弓 gōng	甲骨文
六書屬性	象形字	
文字解形	象形。甲骨文字形，象弓形，後省去弓弦，只剩下弓背。	
本義	射箭或打彈珠的器械。	
說文	以近窮遠。象形。古者揮作弓。《周禮》六弓：王弓、弧弓以射甲革甚質；夾弓、庾弓以射干侯鳥獸；唐弓、大弓以授學射者。凡弓之屬皆從弓。	
字義	1.姓。 2.射箭或發彈丸的器具：彈弓。 3.彎曲：弓身。 4.象弓的用具或部件：琴弓子。 5.舊時丈量地畝的用具與計量單位。	

百家姓	勾 gōu	甲骨文
六書屬性	象形字	
文字解形	象尾端彎曲物，可以兩兩互連勾結。甲骨文「勾」、「句」相同。	
本義	以鉤連結。	
說文	曲也。從口丩聲。凡句之屬皆從句。	
字義	1.姓。 2.勾結。 3.引誘：勾引。 4.刪除：一筆勾消。 5.描繪：勾勒。	

百家姓	關 guān	甲骨文
六書屬性	象形字	
文字解形	從門，從䜌。，象門裡有門閂形。	
本義	門閂。	
說文	以木橫持門戶也。從門䜌聲。	
字義	1.姓。 2.隘門：居庸關。 3.閉：關好窗子。 4.轉捩點：緊要關頭。 5.起轉折和聯結作用的部分：腕關節。 6.照顧：關愛。	

百家姓	谷 gǔ	甲骨文
六書屬性	象形字	
文字解形	上面的部分象小水流從山溝流下，會流到「口」聚而出。	
本義	兩山之間狹長的低地，常常有水流匯聚成溪或河。	
說文	泉出通川為谷。從水半見，出於口。凡谷之屬皆從谷。	
字義	1.姓。 2.兩山之間的水流。 3.「穀」字的簡寫。	

百家姓	侯 hóu	甲骨文
六書屬性	象形字	
文字解形	從厂，象張布，矢在其下。象射侯張布著矢之形。	
本義	箭靶。	
說文	春饗所躬侯也。從人，從厂，象張布；矢在其下。天子躬熊虎豹，服猛也；諸侯躬熊豕虎；大夫射麋，麋，惑也；士射鹿豕，為田除害也。其祝曰：「毋若不寧侯，不朝於王所，故伉而躬汝也。」	
字義	1.姓。 2.箭靶。 3.泛指達官貴人：侯門深似海。	

百家姓	黃 huáng	甲骨文
六書屬性	象形字	
文字解形	人配戴的璜玉，「璜」的本字。甲骨文字源同「寅」字。	
本義	璜玉。	
說文	地之色也。從田從炗，炗亦聲。炗，古文光。凡黃之屬皆從黃。	
字義	1.姓。 2.黃色。 3.高貴的：黃袍馬褂。 4.墮落的：黃色書刊。	

百家姓	井 jǐng	甲骨文
六書屬性	象形字	
文字解形	汲水的井之象形。	
本義	水井。	
說文	八家一井，象構韓形。丬之象也。古者伯益初作井。凡井之屬皆從井。	
字義	1.姓。 2.整齊：井然有序。 3.星宿名。二十八宿之一。	

百家姓	居 jū	甲骨文
六書屬性	象形字	
文字解形	「踞」的本字，甲骨文象人蹲於草席之上。	
本義	蹲著。	
說文	蹲也。從屍古者，居從古。	
字義	1.姓。 2.居住。 3.擔任：居於要職。 4.儲存：奇貨可居。 5.佔據：居高臨下。	

百家姓	車 jū	甲骨文
六書屬性	象形字	
文字解形	象車形。	
本義	陸地上有輪子的運輸工具。	
說文	輿輪之總名。夏後時奚仲所造。象形。凡車之屬皆從車。	
字義	1.姓。 2.陸地上有輪子的運輸工具：汽車。 3.利用輪軸旋轉的工具：吊車。 4.機器：車間。	

百家姓	康 kāng	甲骨文
六書屬性	象形字	
文字解形	康本為糠。從禾，康聲。	
本義	穀皮；米糠。	
說文	穅：穀皮也。從禾從米，庚聲。	
字義	1.姓。 2.米糠。 3.五路通達的大路（寬闊平坦的）：康莊大道。 4.富裕；平安；小康之家；健康。 5.由米糠引伸為「空虛」：康蘿蔔。	

百家姓	亢 kàng	甲骨文
六書屬性	象形字	
文字解形	象人的頸脈形。	
本義	人頸的前部，喉結。	
說文	人頸也。從大省，象頸脈形。凡亢之屬皆從亢。	
字義	1.姓。 2.高，自負：亢龍有悔、不卑不亢。 3.剛強：亢亮（剛直誠信)。	

百家姓	夔 kuí	甲骨文
六書屬性	象形字	
文字解形	甲骨文，象傳說中一條腿的怪物之形。	
本義	傳說中的一條腿的怪物。商周銅器上多夔狀紋飾。	
說文	神魖也。如龍，一足，從夂；象有角、手、人面之形。	
字義	1.姓。 2.古地名。 3.舜時樂官名。 4.夔夔：戒慎恐懼的樣子。	

百家姓	樂 yuè	甲骨文
六書屬性	象形字	
文字解形	底下的木象樂器的架子，上面的幺為繫住鼓樂的繩子。	
本義	鼓樂的一種。	
說文	五聲八音總名。象鼓鞞。木，虡也。	
字義	1.姓。 2.高興：快樂。 3.喜愛：樂善好施。 4.樂yuè：音樂。 5.樂yào：仁者樂山。	

百家姓	龍 lóng	甲骨文
六書屬性	象形字	
文字解形	甲骨文象龍形。	
本義	傳說中一種有鱗有鬚，能興雲作雨的神物。	
說文	鱗蟲之長。能幽，能明，能細，能巨，能短，能長；春分而登天，秋分而潛淵。從肉，飛之形，童省聲。凡龍之屬皆從龍。	
字義	1.姓。 2.象徵帝王或指帝王使用的東西：龍顏 。	

百家姓	呂 lǚ	甲骨文
六書屬性	象形字	
文字解形	象脊骨的形狀。	
本義	脊椎。	
說文	骨也。象形。昔太嶽為禹心呂之臣，故封呂矦。凡呂之屬皆從呂。	
字義	1.姓。 2.律呂：表達樂音的清濁高低，陽的稱「律」，陰的稱「呂」。	

百家姓	馬 mǎ	甲骨文
六書屬性	象形字	
文字解形	象馬眼、馬鬃、馬尾之形。	
本義	動物名。	
說文	怒也。武也。象馬頭髦尾四足之形。凡馬之屬皆從馬。	
字義	1.姓。 2.家畜（四腳動物)：馬首是瞻。	

百家姓	毛máo	甲骨文
六書屬性	象形字	
文字解形	象其獸毛之形。	
本義	獸毛。	
說文	眉髮之屬及獸毛也。象形。凡毛之屬皆從毛。	
字義	1.姓。 2.泛指動植物的皮上所生的絲狀物 : 皮毛；眉毛 。 3.驚慌／煩躁：心裡發毛／毛毛躁躁。 4.粗糙：毛胚。 5.惱怒：惹毛了我。	

百家姓	米 mǐ	甲骨文
六書屬性	象形字	
文字解形	象米粒灑落縱橫之樣子。	
本義	米粒。	
說文	粟實也。象禾實之形。凡米之屬皆從米。	
字義	1.姓。 2.泛指核穀類，去殼後的子實。 3.長度單位。	

百家姓	能 nén	甲骨文
六書屬性	象形字	
文字解形	甲骨文象熊形。	
本義	四腳哺乳動物，熊。	
說文	熊屬。足似鹿。從肉㠯聲。能獸堅中，故稱賢能；而彊壯，稱能傑也。凡能之屬皆從能。	
字義	1.姓。 2.能力、才幹。 3.應該：不能敷衍了事。	

百家姓	牛 niú	甲骨文
六書屬性	象形字	
文字解形	甲骨文,中間一豎象牛面,上旁兩彎象牛角,下面象牛耳。	
本義	反芻類哺乳動物(家畜的一種)。	
說文	大牲也。牛,件也;件,事理也。象角頭三、封尾之形。凡牛之屬皆從牛。	
字義	1.姓。 2.星宿名。二十八宿之一。	

百家姓	齊 qí	甲骨文
六書屬性	象形字	
文字解形	象禾麥穗頭平整的樣子。	
本義	禾麥吐穗上頭平整。	
說文	禾麥吐穗上平也。象形。凡亝之屬皆從亝。	
字義	1.姓。 2.古地名。 3.一致、完全:整齊、全員到齊。 4.治理:齊家。。 5.斷也。剪取其齊,故謂齊為剪。	

百家姓	丘 qiū	甲骨文
六書屬性	象形字	
文字解形	象地面上並立兩個小土堆。	
本義	自然形成的小土山。	
說文	土之高也，非人所為也。從北從一。一，地也，人居在丘南，故從北。中邦之居，在崑崙東南。一曰四方高，中央下為丘。象形。凡丘之屬皆從丘。今隸變作丘。	
字義	1.姓。 2.土堆：丘陵地。 3.墳墓：晉朝衣官成古丘。 4.舊時戲稱兵為「丘八」。	

百家姓	曲 qū	甲骨文
六書屬性	象形字	
文字解形	甲骨文字形，象其彎曲不直。說文以蠶翼彎曲以象其曲。	
本義	不直。	
說文	象器曲受物之形。或說曲，蠶薄也。凡曲之屬皆從曲。	
字義	1.姓。 2.婉轉：曲言（婉言）。 3.文體名：宋詞元曲。 4.歌譜：歌曲。 5.不公正：曲解。	

百家姓	冉 rǎn	甲骨文
六書屬性	象形字	
文字解形	象其髮毛柔弱下垂。	
本義	髮毛柔弱下垂的樣子。	
說文	毛冉冉也。	
字義	1.姓。 2.逐漸：冉冉升空。 3.龜殼的邊緣。	

百家姓	桑 sāng	甲骨文
六書屬性	象形字	
文字解形	象桑木之形。	
本義	樹名。	
說文	蠶所食葉木。從叒、木。	
字義	1.姓。 2.表示眾多或高大。	

百家姓	山 shān	甲骨文
六書屬性	象形字	
文字解形	象三座山峰並立的形狀。	
本義	地面上由土石高起構成的部分。	
說文	宣也。宣氣散，生萬物，有石而高。象形。凡山之屬皆從山。	
字義	1.姓。 2.表示眾多或高大。	

百家姓	單 shàn	甲骨文
六書屬性	象形字	
文字解形	象捕獵的器具。	
本義	捕獵的器具。	
說文	大也。從吅、甲，吅亦聲。	
字義	1.姓（shàn）。 2.單dan：單獨。 3.大：單埢垣兮。	

百家姓	申 shēn	甲骨文
六書屬性	象形字	
文字解形	甲骨文象雷電之形。	
本義	雷電。	
說文	神也。七月，陰氣成，體自申束。從臼，自持也。吏臣餔時聽事，申旦政也。凡申之屬皆從申。	
字義	1.姓。 2.約束：申束。 3.舒展，通「伸」。 4.地支第九位。 5.陳述、說明：申斥、申述、申冤。 6.上海市的簡稱。	

百家姓	石 shí	甲骨文
六書屬性	象形字	
文字解形	上象岩角，下象石塊。	
本義	石頭。	
說文	山石也。在厂之下；口，象形。凡石之屬皆從石。	
字義	1.姓。 2.樂器名：指石磬。古代八音之一。 3.砭石：古時治病用的石針。 4.古西域國名。 5.量詞（dàn）。	

百家姓	殳 shū	甲骨文
六書屬性	象形字	
文字解形	甲骨文象手持長柄勾頭的器具,可以取物、可以打擊樂器或為兵器。	
本義	用竹或木製成的,有撞擊或前導功能的古代兵器。	
說文	以杸殊人也。《禮》:「殳以積竹,八觚,長丈二尺,建於兵車,車旅賁以先驅。」從又幾聲。凡殳之屬皆從殳。	
字義	1.姓。 2.打擊樂的鼓垂或打擊類兵器。	

百家姓	水shuǐ	甲骨文
六書屬性	象形字	
文字解形	中間象水脈,兩旁似流水。	
本義	生命基本要素之一;水。	
說文	準也。北方之行。象眾水並流,中有微陽之氣也。凡水之屬皆從水。	
字義	1.姓。 2.水:喝開水。 3.河流:漢水。 4.程度:水平。	

百家姓	田 tián	甲骨文
六書屬性	象形字	
文字解形	象阡陌縱橫的一塊塊農田。從田的字多與田獵耕種有關。	
本義	種田。	
說文	陳也。樹谷曰田。象四口。十，阡陌之制也。凡田之屬皆從田。	
字義	1.姓。 2.耕作：「佃」的本字。 3.打獵：「畋」的本字。 4.種植用的土地：農田。 5.跟農村有關的：田園。	

百家姓	萬 wàn	甲骨文
六書屬性	象形字	
文字解形	象蠍子形。	
本義	蠍子。	
說文	蟲也。從厹，象形。	
字義	1.姓。 2.古代的一種舞名（泛指舞蹈）：萬舞。 3.表數目字／很多。	

百家姓	王 wáng	甲骨文
六書屬性	象形字	
文字解形	象徵王位的大斧形。	
本義	君主。	
說文	天下所歸往也。董仲舒曰：「古之造文者，三畫而連其中謂之王。三者，天、地、人也，而參通之者王也。」孔子曰：「一貫三為王。」凡王之屬皆從王。	
字義	1.姓。 2.君主。 3.秦以後最高封爵。 4.首領或最特出者：美猴王。	

百家姓	文 wén	甲骨文
六書屬性	象形字	
文字解形	象紋理縱橫交錯形。	
本義	花紋；紋理。	
說文	錯畫也。象交文。凡文之屬皆從文。	
字義	1.姓。 2.事物的紋理線條交錯的圖形。 3.記錄語言的符號。 4.掩飾：文過飾非。 5.溫和：文雅。	

百家姓	巫 wū	甲骨文
六書屬性	象形字	
文字解形	甲骨文，象古代女巫所用的道具。	
本義	古代稱能以舞降神的人。	
說文	祝也。女能事無形，以舞降神者也。象人兩褏舞形。與工同意。古者巫咸初作巫。凡巫之屬皆從巫。	
字義	1.姓。 2.商代的巫地位較高。周時分男巫、女巫，司職各異，同屬司巫。春秋以後，醫道漸從巫術中分出。	

百家姓	烏 wū	甲骨文
六書屬性	象形字	
文字解形	象鳥形。	
本義	鳥名，烏鴉。	
說文	孝鳥也。象形。孔子曰：「烏，烏呼也。」取其助氣，故以為烏呼。凡烏之屬皆從烏。	
字義	1.姓。 2.太陽的代稱：烏飛兔走（時光流逝）。 3.淺黑色。 4.剛孵化出的幼蠶。 5.沒有：化為烏有。	

百家姓	毋 wú	甲骨文
六書屬性	象形字	
文字解形	「毋」、「母」本為一字。後借用為禁止之詞，乃加一畫以區別。	
本義	表示禁止的詞。	
說文	止之也。從女，有奸之者。凡毋之屬皆從毋。	
字義	1.姓。 2.表示否定：毋忘在莒。	

百家姓	夏 xià	甲骨文
六書屬性	象形字	
文字解形	從頁，從足。合起來象人形。	
本義	古代漢民族自稱。	
說文	中國之人也。從夂從頁從臼。臼，兩手；夂，兩足也。	
字義	1.姓。 2.中國的古代：華夏。 3.朝代名。 4.夏季。 5.一說，甲骨文象蟬形。	

百家姓	向 xiàng	甲骨文
六書屬性	象形字	
文字解形	從宀，從口。「宀」表示房屋，甲骨文中象屋牆上有窗戶之形。	
本義	窗戶。	
說文	北出牖也。從宀從口。《詩》曰：「塞向墐戶。」	
字義	1.姓。 2.泛指窗戶。 3.方位、朝著：二十四山向。 4.從開始到現在：一向。 5.目標；意志所在：志向。	

百家姓	辛 xīn	甲骨文
六書屬性	象形字	
文字解形	甲骨文象古代刑刀。	
本義	犯罪。	
說文	秋時萬物成而孰；金剛，味辛，辛痛即泣出。從一從辛。辛，辠也。辛承庚，象人股。凡辛之屬皆從辛。	
字義	1.姓。 2.辣：辛辣。 3.勞苦：辛勞。 4.悲傷：辛酸。 5.天干第八位，也做次序第八。	

百家姓	幸 xìng	甲骨文
六書屬性	象形字	
文字解形	象古代手銬、腳鐐之刑具。	
本義	古代手銬、腳鐐之刑具。	
說文	所以驚人也。從大從羊。一曰大聲也。凡羍之屬皆從羍。一曰讀若瓠。一曰俗語以盜不止為羍，羍讀若籋。	
字義	1.姓。 2.意外地獲得成功或免去災難，同「倖」：倖免於難。 3.歡喜：慶幸。 4.希望：幸勿推辭。 5.寵愛：寵幸。	

百家姓	須 xū	甲骨文
六書屬性	象形字	
文字解形	從頁象人頭。從彡象毛鬚。	
本義	鬍鬚。	
說文	面毛也。從頁從彡。凡須之屬皆從須。	
字義	1.姓。 2.必要：必須。 3.泛指動植物的鬚狀物。	

百家姓	燕 yān	甲骨文
六書屬性	象形字	
文字解形	象張口鳴叫的燕子之形。	
本義	燕子，鳥的一種。	
說文	玄鳥也。籋口，布翄，枝尾。象形。凡燕之屬皆從燕。	
字義	1.姓。 2.古國名。 3.燕yàn：翼尖而長，尾巴分叉象張開的剪刀。	

百家姓	羊 yáng	甲骨文
六書屬性	象形字	
文字解形	甲骨文，象羊頭之形。	
本義	家畜類哺乳動物。	
說文	祥也。從羊，象頭角足尾之形。孔子曰：「牛羊之字以形舉也。」凡羊之屬皆從羊。	
字義	1.姓。 2.同「祥」。	

百家姓	魚 yú	甲骨文
六書屬性	象形字	
文字解形	甲骨文，象魚形。	
本義	水生脊椎冷血動物。	
說文	水蟲也。象形。魚尾與燕尾相似。凡魚之屬皆從魚。	
字義	1.姓。 2.魚鱗冊。	

百家姓	禹 yǔ	甲骨文
六書屬性	象形字	
文字解形	甲骨文象蟲的形狀。一種四足之蟲。又說為蜈蚣。	
本義	蟲名。	
說文	蟲也。從厹，象形。	
字義	1.姓。 2.一說為龜蟲。 3.大禹治水：相傳夏朝的第一代君主，曾治理洪水，歷時十三年，三過家門而不入。 4.禹鼎：大禹鑄的銅鼎。象徵國家的命運。	

百家姓	雲 yún	甲骨文
六書屬性	象形字	
文字解形	象雲回轉形。	
本義	天上的雲彩。	
說文	山川氣也。從雨，云象雲回轉形。凡雲之屬皆從雲。	
字義	1.姓。 2.雲彩。 3.雲南省簡稱。	

百家姓	曾 zēng	甲骨文
六書屬性	象形字	
文字解形	甲骨文字形，象置物的籃具。	
本義	甑的本字。	
說文	詞之舒也。從八從曰，四聲。	
字義	1.姓。 2.過去發生過：曾經（已經）。 3.竟然：曾不能毀山之一毛。 4.通「層」；重疊。 5.曾 ：指中間隔著兩代的親屬（曾孫）。	

百家姓	翟 zhái	甲骨文
六書屬性	象形字	
文字解形	從羽、從隹。甲骨文象其展翅形。	
本義	長尾野雞。	
說文	山雉尾長者。從羽從隹。	
字義	1.姓。 2.長尾野雞。 3.翟車：皇后所乘飾以雉羽的車子。 4.翟羽：古代樂舞所執雉羽。	

百家姓	兆 zhào	甲骨文
六書屬性	象形字	
文字解形	象龜甲受灼烤後產生的裂痕。	
本義	龜甲被燒烤後的裂紋。	
說文	無收錄此字。	
字義	1.姓。 2.徵兆、預兆。 3.極大的數目字。	

百家姓	周 zhōu	甲骨文
六書屬性	象形字	
文字解形	「田」裡加四點，象田中有作物。	
本義	種有作物的田。	
說文	密也。從用、口。	
字義	1.姓。 2.環繞：周而復始。 3.普遍：眾所周知。 4.救濟：周濟。	

百家姓	左 zuǒ	甲骨文
六書屬性	象形字	
文字解形	甲骨文字形，象左手形。	
本義	左手。	
說文	手相左助也。從ナ、工。凡左之屬皆從左。	
字義	1.姓。 2.輔佐 ：「佐」的古字。 3.相異 ：相左。 4.貶謫 ：自漢起至唐，亦謂去朝廷為州縣日左遷。 5.附近 ：左近。	

百家姓	朱 zhū	甲骨文
六書屬性	指事字	
文字解形	從木，中間的一，指出木心是紅的。	
本義	紅色。	
說文	朱，赤心木，松柏屬。	
字義	1.姓氏。 2.紅色：朱門酒肉臭。	

第七章

六書百家姓
形聲篇

形聲篇

百家姓	艾 ài	甲骨文
六書屬性	形聲字	
文字解形	從艸乂聲。草名。	
本義	一種菊科的多年生草本植物，葉製成艾絨供針灸用。	
說文	冰臺也。從艸乂聲。	
字義	1.姓。 2.艾蒿：多年生草本，有香氣，秋季開黃色小花。全草供藥用，可殺蟲，防治植物病蟲害。葉可制艾絨，供灸病用。枝葉薰煙，可驅蚊、蠅等。 3.艾人：用艾草結成的草人。舊俗在端午節以艾人懸掛於門上，可以避邪除毒。 4.對老年人的敬稱：有幼、壯、艾之期。 5.止：方興未艾。 6.美好：幼艾。 7.艾（yì）：割草。比喻改正。	

百家姓	鮑 bào	甲骨文
六書屬性	形聲字	
文字解形	從魚、包聲。	
本義	鹽醃的魚。	
說文	饐魚也。從魚包聲。	
字義	1.姓。 2.鹽醃的魚。 3.古代鞣製皮革的工人：鮑人（主管治皮革之官）。	

百家姓	邊 biān	甲骨文
六書屬性	形聲字	
文字解形	從辵、臱聲。	
本義	山崖的邊緣。	
說文	無收錄此字	
字義	1.姓。 2.物體的周圍或地方的疆界。 3.表示地位、方向。	

百家姓	邴 bǐng	甲骨文
六書屬性	形聲字	
文字解形	從邑、丙聲。	
本義	古城名。	
說文	宋下邑。從邑丙聲。	
字義	1.姓。 2.古城名。 3.舒暢喜悅貌。	

百家姓	伯 bó	甲骨文
六書屬性	形聲兼會意字	
文字解形	從人、白聲。白有大的意思，兼表會意。甲骨文字源與「白」同。	
本義	大拇指。	
說文	長也。從人白聲。	
字義	1.姓。 2.通「霸」。原指春秋時諸侯的首領。 3.爸爸的哥哥：伯父。	

百家姓	柏 bó	甲骨文
六書屬性	形聲字	
文字解形	從木、白聲。	
本義	柏樹，也稱「椈」。	
說文	柏：鞠也。從木白聲。	
字義	1.姓。 2.柏樹：喬木，葉呈鱗片狀。木材質地堅硬，可做建築材料。 3.古國名。	

百家姓	蔡 cài	甲骨文
六書屬性	形聲字	
文字解形	從艸，祭聲。甲骨文字源同「殺」。	
本義	刖腳以為祭獻。	
說文	艸也。從艸祭聲。	
字義	1.姓。 2.古國名。 3.占卜用的大龜。	

百家姓	蒼 cāng	甲骨文
六書屬性	形聲字	
文字解形	從艸、倉聲。	
本義	草的顏色。	
說文	艸色也。從艸倉聲。	
字義	1.姓。 2.青黑色。 3.灰白色。	

百家姓	岑 cén	甲骨文
六書屬性	形聲字	
文字解形	從山、今聲。	
本義	小而高的山。	
說文	山小而高。從山今聲。	
字義	1.姓。 2.古國名。 3.寂靜：岑靜。	

百家姓	柴 chái	甲骨文
六書屬性	形聲字	
文字解形	從木、此聲。	
本義	捆束的細木小柴。	
說文	小木散材。從木此聲。	
字義	1.姓。 2.泛指木柴，小木散材。也指做燃料的木柴。 3.枯枝。 4.柴門：用散碎木材、樹枝等做成的門。用以比喻窮苦 　人家。又作柴扉。 5.柴（zhài）：編木維護四周。	

百家姓	常 cháng	甲骨文
六書屬性	形聲字	
文字解形	從巾、尚聲。從巾，與布有關。	
本義	旗。	
說文	下帬也。從巾尚聲。	
字義	1.姓。 2.旗：王的旌旗上畫有日月者曰太常。 3.裙子；安全；安定。 4.規律／永久的；常規／常數。 5.一般；時常。	

百家姓	程 chén	甲骨文
六書屬性	形聲字	
文字解形	從禾、呈聲。	
本義	秤量穀物，並用做度量衡的總名。	
說文	品也。十髮為程，十程為分，十分為寸。從禾呈聲。	
字義	1.姓。 2.度量衡的總稱。 3.章程。 4.期限：時程表。	

百家姓	陳 chén	甲骨文
六書屬性	形聲字	
文字解形	從阜、從木、申聲。東在甲骨文為象形字。	
本義	地名。	
說文	宛丘，舜後媯滿之所封。從自從木，申聲。	
字義	1.姓。 2.古國名。 3.戰陣；行列；同「陣」。 4.陳設、陳列。 5.陳舊；有「塵」的含意。	

百家姓	池 chí	甲骨文
六書屬性	形聲字	
文字解形	從水，也聲。	
本義	水積蓄處。	
說文	無收錄此字。	
字義	1.姓。 2.水塘。 3.劇場正廳的前部；池座。 4.護城河；城池。	

百家姓	楚 chǔ	甲骨文
六書屬性	形聲字	
文字解形	從林、疋聲。	
本義	灌木名。又名荊、牡荊	
說文	叢木。一名荊也。從林疋聲。	
字義	1.姓。 2.周朝時國名。 3.打人的荊條。 4.苦：苦楚。 5.清晰；清楚。 6.鮮明、華美的樣子：衣冠楚楚。	

百家姓	儲 chǔ	甲骨文
六書屬性	形聲字	
文字解形	從人、諸聲。	
本義	蓄積以備用。	
說文	偫也。從人諸聲。	
字義	1.姓。 2.儲蓄。	

百家姓	崔 cuī	甲骨文
六書屬性	形聲字	
文字解形	從山、隹聲。	
本義	高大。	
說文	大高也。從山隹聲。	
字義	1.姓。 2.古地名。 3.蹉跎：崔頹。 4.崔嵬：有石頭的土山。	

百家姓	逮 dài	甲骨文
六書屬性	形聲兼會意字	
文字解形	從辵，隶聲。從辵、從隶表趕上、抓到。	
本義	趕上。	
說文	唐逮，及也。從辵隶聲。	
字義	1.姓。 2.及：力有未逮。 3.捉拿：逮捕。	

百家姓	戴 dài	甲骨文
六書屬性	形聲字	
文字解形	從異、　聲。	
本義	增益。凡加於上皆曰戴。	
說文	分物得增益曰戴。從異弋聲。	
字義	1.姓。 2.古國名。 3.把物加在頭、面、頸、手等處：戴帽子。 4.敬愛：萬民擁戴。	

百家姓	筪 dàn	甲骨文
六書屬性	形聲字	
文字解形	從竹、旦聲。	
本義	同「笞」，以竹枝或竹板杖擊。	
說文	笞也。從竹旦聲。	
字義	1.姓。 2.竹箬（竹皮)。 3.拉船用的索子。 4.一種用竹篾編成的類似席子的東西，做為晾曬糧食用。 5.日蝕。	

百家姓	黨 dǎng	甲骨文
六書屬性	形聲字	
文字解形	從黑、尚聲。	
本義	晦暗不明。	
說文	不鮮也。從黑尚聲。	
字義	1.姓。 2.志同道合的人所組成的政治團體：政黨。 3.為私利而結成的集團：結黨營私。	

百家姓	鄧 dèng	甲骨文
六書屬性	形聲字	
文字解形	從邑，與地方有關。	
本義	殷時之國名也。	
說文	曼姓之國。今屬南陽。從邑登聲。	
字義	1.姓。 2.古國名／古地名。	

百家姓	狄 dí	甲骨文
六書屬性	形聲字	
文字解形	從犬、亦省聲。	
本義	中國古代北部的一個民族。	
說文	赤狄，本犬種。狄之為言淫辟也。 從犬，亦省聲。	
字義	1.姓。 2.古代對北方各民族的泛稱：蠻夷戎狄。 3.中國古代的低級職員：狄人（古代掌樂的下級官吏）。	

百家姓	董 dǒng	甲骨文
六書屬性	形聲字	
文字解形	從艸、重聲。	
本義	草名，即鼎董。	
說文	無收錄此字。	
字義	1.姓。 2.監督：工程的進度，全由我董其事。 3.督理事物的人：董事。 4.統率。	

百家姓	都 dū	甲骨文
六書屬性	形聲字	
文字解形	從邑者聲。	
本義	建有宗廟的城邑。	
說文	無收錄此字。	
字義	1.姓。 2.城市：成都。 3.都（dou）：全部。 4.已經：茶都涼了。	

百家姓	竇 dòu	甲骨文
六書屬性	形聲字	
文字解形	從穴、瀆省聲。	
本義	孔穴。	
說文	空也。從穴，瀆省聲。	
字義	1.姓。 2.人體某些器官內部凹入的部分：鼻竇炎。 3.開端：情竇初開。 4.洞穴：竇窖（積藏穀物的地方）。	

百家姓	督 dū	甲骨文
六書屬性	形聲字	
文字解形	從目，叔聲。	
本義	察看督促，監督。	
說文	察也。一曰目痛也。從目叔聲。	
字義	1.姓。 2.中央：督脈。 3.統帥軍隊的將領：督軍。	

百家姓	堵 dǔ	甲骨文
六書屬性	形聲字	
文字解形	從土、者聲。	
本義	牆壁。古代牆壁用板築法築牆，五板為一堵。	
說文	垣也。五板為一堵。從土者聲。	
字義	1.姓。 2.堵塞。 3.古代鐘或磬十六枚成一組，掛於架上叫「一堵」。	

百家姓	杜 dù	甲骨文
六書屬性	形聲字	
文字解形	從木、土聲。	
本義	一種木本植物。	
說文	甘棠也。從木土聲。	
字義	1.姓。 2.堵塞：杜塞。 3.關門：杜私門。	

百家姓	段 duàn	甲骨文
六書屬性	形聲字	
文字解形	「殳」是古代的一種兵器。字形象手持兵器敲打之形。	
本義	錘擊。	
說文	椎物也。從殳，耑省聲。	
字義	1.姓。 2.事物、時間的一節：分段。 3.做事的方法：手段。 4.古時在石上用棒打乾肉：段脩（經捶搗並加薑桂的乾肉)。	

百家姓	鄂 è	甲骨文
六書屬性	形聲字	
文字解形	從邑、咢聲。	
本義	地名。	
說文	江夏縣。從邑咢聲。	
字義	1.姓。 2.湖北省的簡稱。	

百家姓	樊 fán	甲骨文
六書屬性	形聲字	
文字解形	從大（廾：雙手形）、棥聲。「棥」表聲，也表意。象籬笆。	
本義	用雙手築籬笆。	
說文	鷙不行也。從廾從棥，棥亦聲。	
字義	1.姓。 2.關鳥獸的籠子：樊籠。 3.範圍；限制。 4.邊際。	

百家姓	范 fàn	甲骨文
六書屬性	形聲字	
文字解形	從艸、氾聲。	
本義	草名。	
說文	艸也。從艸氾聲。	
字義	1.姓。 2.俗稱模子。范金：用模子鑄造金屬品。	

百家姓	房 fáng	甲骨文
六書屬性	形聲字	
文字解形	從戶、方聲。古代禮法，正室大門用雙扇（門），邊室用單扇（戶)。	
本義	正室左右的住室。	
說文	室在旁（同「旁」）也。從戶方聲。	
字義	1.姓。 2.房屋 。 3.家族的一支：大房；二房。 4.二十八宿之一。	

百家姓	費 fèi	甲骨文
六書屬性	形聲字	
文字解形	從貝、弗聲。從「貝」表示與錢有關。	
本義	錢財的支用。	
說文	散財用也。從貝弗聲。	
字義	1.姓。 2.花掉錢財：花費。 3.耗損：費神。	

百家姓	酆 fēng	甲骨文
六書屬性	形聲字	
文字解形	從邑、豐聲。	
本義	古地名。	
說文	周文王所都。在京兆杜陵西南。從邑豐聲。	
字義	1.姓。 2.古地名。	

百家姓	馮 féng	甲骨文
六書屬性	形聲字	
文字解形	從馬、冫聲。	
本義	疾行。	
說文	馬行疾也。從馬冫聲。	
字義	1.姓。 2.古地名。 3.「憑」的古字。píng。 4.馬行疾也：引伸為憤怒。	

百家姓	鳳 fèng	甲骨文
六書屬性	形聲字	
文字解形	從鳥、凡聲。「風」與「鳳」甲骨文字源同形。	
本義	鳳凰。古代傳說中的百鳥之王。用來象徵祥瑞。雄的叫鳳，雌的叫凰。	
說文	神鳥也。天老曰：「鳳之象也，鴻前麐後，蛇頸魚尾，鸛顙鴛思，龍文虎背，燕頷雞喙，五色備舉。出於東方君子之國，翱翔四海之外，過崑崙，飲砥柱，濯羽弱水，莫宿風穴。見則天下大安寧。」從鳥凡聲。	
字義	1.姓。 2.古時比喻有聖德的人。 3.鳳毛：鳳鳥的羽毛。讚美人的文采俊秀。	

百家姓	扶 fú	甲骨文
六書屬性	形聲字	
文字解形	隸書從手、夫聲。從「手」，表示與手的動作有關。甲骨文象一人伸手扶助另一人，乃一會意字。	
本義	攙扶。	
說文	左也。從手夫聲。	
字義	1.姓。 2.用手支持人或物，使之不倒。 3.援助。	

百家姓	符 fú	甲骨文
六書屬性	形聲字	
文字解形	從竹、付聲。從「竹」，表示與竹子有關的東西。	
本義	古代朝廷傳達命令或調兵遣將用的憑證，雙方各執一半以驗真假。	
說文	信也。漢制以竹，長六寸，分而相合。從竹付聲。	
字義	1.姓。 2.符信：符節。 3.標誌：音符。 4.一致：符合。 5.道士等所畫的圖形或線條，可以驅逐鬼神：符咒。	

百家姓	富 fù	甲骨文
六書屬性	形聲兼會意字	
文字解形	從宀，表示與房屋有關，畐聲。聲符亦兼表字義。「畐」象裝酒的容器。表示富人安居，豐於飲饌之義。	
本義	富裕。	
說文	備也。一曰厚也。從宀畐聲。	
字義	1.姓。 2.充裕：富足。 3.壯盛：年富力強。 4.多：富有經驗。	

百家姓	傅 fù	甲骨文
六書屬性	形聲字	
文字解形	從人、專聲。	
本義	輔佐。	
說文	相也。從人專聲。	
字義	1.姓。 2.輔助，教導；太傅，師傅。	

百家姓	郜 gào	甲骨文
六書屬性	形聲字	
文字解形	從邑、告聲。	
本義	古國名。	
說文	周文王子所封國。從邑告聲。	
字義	1.姓。 2.古國名。	

百家姓	葛 gě	甲骨文
六書屬性	形聲字	
文字解形	從艸、曷聲。	
本義	一種植物，纖維可以織布。	
說文	絺綌艸也。從艸曷聲。	
字義	1.姓。 2.植物名：豆科多年生草本植物，莖長二、三丈，纏繞他物上。長花紫紅色。莖可編籃做繩，纖維可織葛布。根可提製澱粉，又供藥用。 3.葛屨：用葛做的鞋子，貧賤人家所穿或夏天所穿用。	

百家姓	耿 gěng	甲骨文
六書屬性	形聲字	
文字解形	從火、聖省聲。	
本義	耳貼於頰。	
說文	耳箸頰也。從耳，烓省聲。杜林說：耿，光也。從光，聖省。凡字皆左形右聲。杜林非也。	
字義	1.姓。 2.通「炯」。明亮、光明。 3.心情不安；悲傷：耿耿不寐。 4.剛直：耿直。 5.有節氣者，不苟合於人；耿介。	

百家姓	龔 gōng	甲骨文
六書屬性	形聲字	
文字解形	從龍、共聲（兼表意）。象上呈或受物於天子。	
本義	供給。「供」的古字。	
說文	給也。從共龍聲。	
字義	1.姓。 2.「供」的古字：供給。 3.同「恭」，恭敬。 4.奉行：龔奉。	

百家姓	鞏 gǒng	甲骨文
六書屬性	形聲字	
文字解形	從革，巩聲。從「革」，表示與皮革有關。	
本義	皮革捆東西。	
說文	以韋束也。《易》曰：「鞏用黃牛之革。」從革巩聲。	
字義	1.姓。 2.用皮革捆綁東西：引申為使牢固。鞏固國防。 3.恐懼：敬而不鞏。 4.古地名 。	

百家姓	貢 gòng	甲骨文
六書屬性	形聲字	
文字解形	從貝、工聲。	
本義	把物品進獻給朝廷。	
說文	獻功也。從貝工聲。	
字義	1.姓。 2.將物品進獻給皇帝：進貢。 3.進獻給皇帝的物品：貢品。 4.對他人所做的有益之事。	

百家姓	緱 gōu	甲骨文
六書屬性	形聲字	
文字解形	從糸、侯聲	
本義	刀劍等柄上所纏的繩。	
說文	刀劍緱也。從糸侯聲。	
字義	1.姓。 2.山名：緱氏山，指修道成仙之處。 3.纏在刀、劍等柄上的繩索，以免滑手。	

百家姓	顧 gù	甲骨文
六書屬性	形聲字	
文字解形	從頁、雇聲。	
本義	回頭看。	
說文	還視也。從頁雇聲。	
字義	1。姓。 2。回頭看： 瞻前顧後。 3。注意： 看顧。 4。拜訪： 三顧茅廬。	

百家姓	管 guǎn	甲骨文
六書屬性	形聲字	
文字解形	從竹、官聲。	
本義	一種管形樂器。	
說文	如篪，六孔。十二月之音。物開地牙，故謂之管。從竹官聲。	
字義	1.姓。 2.圓筒形中空的器物：鋼管。 3.管理／統轄／約束／教養／量詞。	

百家姓	廣 guǎng	甲骨文
六書屬性	形聲字	
文字解形	從「广」、「黃」聲。從「广」，象依山壁建造的房屋。	
本義	寬大的房屋。	
說文	殿之大屋也。從廣黃聲。	
字義	1.姓。 2.沒有四壁的大屋。 3.寬度：視野廣闊，學識廣博。	

百家姓	桂 guì	甲骨文
六書屬性	形聲字	
文字解形	從木、圭聲。	
本義	樹木名。	
說文	江南木，百藥之長。從木圭聲。	
字義	1.姓。 2.桂花樹，常綠小型喬木：八月桂花香。 3.桂冠：古希臘人用桂樹枝葉編成帽子，對受贈者表示崇敬之意。 4.廣西簡稱。	

百家姓	郭 guō	甲骨文
六書屬性	形聲字	
文字解形	從邑、從享。「廓」的古字。	
本義	在城的外圍再加築的牆，即外城。	
說文	齊之郭氏虛。善善不能進，惡惡不能退，是以亡國也。從邑享聲。	
字義	1.姓。 2.內城叫城，外城叫郭。 3.泛指城市：城郭。 4.物體的四周：周郭。	

百家姓	哈 hā	甲骨文
六書屬性	形聲字	
文字解形	從口、合聲。	
本義	張口呼氣。	
說文	無收錄此字。	
字義	1.姓。 2.彎躬哈腰。 3.哈欠、哈哈大笑。	

百家姓	韓 hán	甲骨文
六書屬性	形聲字	
文字解形	從韋、倝聲。圍繞之意。	
本義	井垣。	
說文	并垣也。從韋，取其帀也；倝聲。	
字義	1.姓。 2.古國名。	

百家姓	杭 háng	甲骨文
六書屬性	形聲字	
文字解形	從木、亢聲。	
本義	抵禦。	
說文	無收錄此字。	
字義	1.姓。 2.杭háng：以船渡河 3.杭kàng：抵抗，通「抗」。	

百家姓	郝 hǎo	甲骨文
六書屬性	形聲字	
文字解形	從邑、赤聲。	
本義	古地名。	
說文	右扶風鄠、盩厔鄉。從邑赤聲。	
字義	1.姓。 2.地名。	

百家姓	和 hé	甲骨文
六書屬性	形聲字	
文字解形	從口、禾聲。	
本義	以口相應。	
說文	相應也。從口禾聲。	
字義	1.姓。 2.協調：和諧。 3.溫柔：溫和。	

百家姓	賀 hè	甲骨文
六書屬性	形聲字	
文字解形	從貝、加聲。	
本義	送禮物表示祝賀。	
說文	以禮相奉慶也。從貝加聲。	
字義	1.姓氏。 2.送禮物表示祝賀。 3.讚許；祝福：恭賀新禧。	

百家姓	衡 héng	甲骨文
六書屬性	形聲字	
文字解形	從角、從大、行聲。	
本義	綁在牛角上的橫木。	
說文	牛觸，橫大木其角。從角從大，行聲。《詩》曰：「設其楅衡。」	
字義	1.姓。 2.車轅前端的橫木。 3.秤東西重量的工具。 4.評估：衡量輕重。	

百家姓	弘 hóng	甲骨文
六書屬性	形聲字	
文字解形	從弓、厶聲。	
本義	張弓射箭所發出的聲音。	
說文	弓聲也。從弓厶聲。厶，古文肱字。	
字義	1.姓。 2.同「宏」：宏大。	

百家姓	紅 hóng	甲骨文
六書屬性	形聲兼會意字	
文字解形	從糸、工聲。	
本義	古時女生的刺繡編織等工作。	
說文	帛赤白色。從糸工聲。	
字義	1.姓。 2.紅 gōng：古時女生的刺繡編織等工作。 3.各種紅色。	

百家姓	洪 hóng	甲骨文
六書屬性	形聲字	
文字解形	從水、共聲。	
本義	大水。	
說文	洚水也。從水共聲。	
字義	1.姓。 2.大：洪福齊天。 3.太古時代：洪荒。 4.大水：洪水。	

百家姓	胡 hú	甲骨文
六書屬性	形聲字	
文字解形	從肉、古聲。	
本義	牛脖子下的垂肉。	
說文	牛頷垂也。從肉古聲。	
字義	1.姓。 2.器物上下垂如胡的部分：胡子（刃旁有歧出曲鈎的戈戟）。 3.古代稱中原以北和以西的遊牧民族為胡。 4.小街道：胡同。 5.鬍鬚。	

百家姓	扈 hù	甲骨文
六書屬性	形聲字	
文字解形	從邑、戶聲。從「邑」，表示與城廓或地方行政區有關。	
本義	古國名。	
說文	夏後同姓所封，戰於甘者。在鄠，有扈谷、甘亭。從邑戶聲。	
字義	1.姓。 2.隨從、護衛：古時多指帝王隨侍。	

百家姓	花 huā	甲骨文
六書屬性	形聲字	
文字解形	從艸、化聲。	
本義	草木花的總稱。	
說文	未收錄此字。	
字義	1.姓。 2.種子植物的生殖器官。 3.象花般的。	

百家姓	滑 huá	甲骨文
六書屬性	形聲字	
文字解形	從水、骨聲。	
本義	光滑。	
說文	利也。從水骨聲。	
字義	1.姓。 2.婉轉：圓滑。 3.狡詐：油滑。 4.滑gǔ：滑稽。	

百家姓	懷 huái	甲骨文
六書屬性	形聲字	
文字解形	隸書從心、褱聲。	
本義	想念、懷念。	
說文	念思也。從心褱聲。	
字義	1.姓。 2.想念。 3.指身體的胸腹部。 4.指心意、胸懷。	

百家姓	桓 huán	甲骨文
六書屬性	形聲字	
文字解形	從木、亘聲。	
本義	古代立在驛站、官署等建築物旁做標誌的木柱。後稱華表。	
說文	亭郵表也。從木亘聲。	
字義	1.姓。 2.木柱。 3.木名、水名、山名。	

百家姓	暨 jì	甲骨文
六書屬性	形聲字	
文字解形	從旦，既聲。	
本義	太陽初升略能看見。	
說文	日頗見也。從旦既聲。	
字義	1.姓。 2.連接詞：和。	

百家姓	冀 jì	甲骨文
六書屬性	形聲字	
文字解形	隸書為形聲字，從北、異聲。	
本義	冀州。古九州之一。	
說文	北方州也。從北異聲。	
字義	1.姓。 2.河北省的簡稱。 3.假借為「覬」。希望，期望。	

百家姓	嵇 jī	甲骨文
六書屬性	形聲字	
文字解形	從山、稽省聲。	
本義	山名。	
說文	山名。從山，稽省聲。奚氏避難特造此字，非古。	
字義	1.姓。 2.山名。	

百家姓	紀 jì	甲骨文
六書屬性	形聲字	
文字解形	從糸表示與絲線有關、己聲。	
本義	散了的絲之頭緒。	
說文	絲別也。從糸己聲。	
字義	1.姓。 2.開端／頭緒。 3.事物的要領。 4.記載：紀傳。 5.年齡：〈古〉十二年為一紀。 6.規律：紀律。	

百家姓	姬 jī	甲骨文
六書屬性	形聲字	
文字解形	從女、臣聲。	
本義	上古母系社會流傳下來的一種姓氏。	
說文	黃帝居姬水，以姬姓。從女臣聲。	
字義	1.姓。 2.水名。 3.秦漢以前對婦女的美稱。 4.對妾的稱呼。 5.漢朝宮中女官名。 6.對賣唱歌舞女子的稱呼。	

百家姓	籍 jí	甲骨文
六書屬性	形聲字	
文字解形	隸書，從竹、耤聲。古以竹製成書，以記載農戶之戶口數。	
本義	戶口冊。	
說文	簿書也。從竹籍聲。	
字義	1.姓。 2.泛指書。	

百家姓	薊 jì	甲骨文
六書屬性	形聲字	
文字解形	從艸、劍聲。植物名。	
本義	薊屬植物的通稱。多年生草本。莖和葉有刺。全草供藥用。嫩莖葉可食用或作飼料。	
說文	芙也。從艸劍聲。	
字義	1.姓。 2.古地名。	

百家姓	季 jì	甲骨文
六書屬性	形聲會意字	
文字解形	從子、從稚省。「稚」亦兼表讀音。	
本義	排行於最後的。	
說文	少偁也。從子，從稚省，稚亦聲。	
字義	1.姓。 2.排行最小的：伯、仲、叔、季。 3.季節。	

百家姓	簡 jiǎn	甲骨文
六書屬性	形聲字	
文字解形	從竹、間聲。	
本義	竹簡。古代書寫了文字的狹長竹片。	
說文	牒也。從竹閒聲。	
字義	1.姓。 2.書冊：紙發明前的書寫材料，削製成的狹長竹片或木片。竹片稱「簡」，木片稱「笏」或「牘」，統稱為「簡」。若干簡編綴在一起的叫「策」（冊）。 3.不複雜：簡單。 4.輕忽、怠慢：簡慢。 5.選拔、選擇：簡拔。	

百家姓	賈 jiǎ	甲骨文
六書屬性	形聲字	
文字解形	從貝、襾聲。	
本義	在固定地點做買賣。	
說文	賈市也。從貝襾聲。一曰做賣售也。	
字義	1.姓。 2.泛指賣。 3.商人：商賈。 4.招引：賈禍。	

百家姓	江 jiāng	甲骨文
六書屬性	形聲字	
文字解形	從水、工聲。	
本義	本專指長江。	
說文	水。出蜀湔氐徼外崏山，入海。從水工聲。	
字義	1.姓。 2.江河的通稱。 3.江山：國家政權。 4.江湖：指四方各地。	

百家姓	姜 jiāng	甲骨文
六書屬性	形聲字	
文字解形	從女、羊聲。	
本義	水名。姜水。	
說文	神農居姜水，以為姓。從女羊聲。	
字義	姓。	

百家姓	蔣 jiǎng	甲骨文
六書屬性	形聲字	
文字解形	從艸、將聲。	
本義	植物名。即「茭白」。	
說文	蔣：苽蔣也。從艸將聲。	
字義	1.姓。 2.古國名。	

百家姓	靳 jìn	甲骨文
六書屬性	形聲字	
文字解形	從革、斤聲。從「革」，表示與皮革有關。	
本義	套在轅馬胸部的皮革，也用做轅馬的代稱。	
說文	當膺也。從革斤聲。	
字義	1.姓。 2.遊環：古時一車有四匹馬拉車，中間的兩匹叫服馬。服馬當胸的皮環叫靳。 3.戲弄、羞辱。 4.吝嗇：悔不小靳，可至千萬。	

百家姓	荊 jīng	甲骨文
六書屬性	形聲字	
文字解形	從艸、刑聲。	
本義	一種落葉灌木。枝條柔韌，可編筐籃；果實可入藥。	
說文	楚木也，從艸、刑聲。	
字義	1.姓。 2.荊條：古代用為刑杖。 3.春秋時楚國又稱「荊」。	

百家姓	景 jǐng	甲骨文
六書屬性	形聲字	
文字解形	從日、京聲。	
本義	日光。	
說文	光也。從日京聲。	
字義	1.姓。 2.風光：景色優美。 3.情況：晚景淒涼。 4.佩服、景仰：景從。 5.大：景山。	

百家姓	鞠 jū	甲骨文
六書屬性	形聲字	
文字解形	從革、匊聲。從「革」與皮革有關。	
本義	古時一種用來踢打玩耍的皮球。	
說文	蹋鞠也。從革匊聲。	
字義	1.姓。 2.養育：鞠養。 3.彎身：鞠躬。	

百家姓	闞 kàn	甲骨文
六書屬性	形聲字	
文字解形	隸書從門、敢聲。倚門而望	
本義	在門旁觀望。	
說文	望也。從門敢聲。	
字義	1.姓。 2.古地名。 3.看望。	

百家姓	柯 kē	甲骨文
六書屬性	形聲字	
文字解形	從木、可聲。	
本義	斧柄。	
說文	斧柄也。從木可聲。	
字義	1.姓。 2.法則：柯亭（法則、法度)。 3.樹枝：柯條。	

百家姓	空 kōng	甲骨文
六書屬性	形聲字	
文字解形	從穴、工聲。穴內空間可容物。	
本義	沒有容納東西。	
說文	竅也。從穴工聲。	
字義	1.姓。 2.空間。 3.不實際：空想。 4.佛教語：空門。	

百家姓	蒯 kuǎi	甲骨文
六書屬性	形聲字	
文字解形	從屮、從朋、從刀。多年生草本植物，生長在水邊或陰濕的地方。莖可編席、編鞋，也可造紙。	
本義	蒯草。	
說文	無收錄此字。	
字義	1.姓。 2.用指甲刮。 3.古地名。	

百家姓	況 kuàng	甲骨文
六書屬性	形聲字	
文字解形	從水、兄聲。甲骨文與「兄」字同源。	
本義	寒冷的水。	
說文	寒水也。從水兄聲。	
字義	1.姓。 2.事物的概況。 3.比擬：以古況今。	

百家姓	賴 lài	甲骨文
六書屬性	形聲字	
文字解形	從貝、剌聲。	
本義	得益；獲利。	
說文	贏也。從貝剌聲。	
字義	1.姓。 2.依靠：依賴。 3.不承認：賴帳。 4.誣陷：誣賴。	

百家姓	藍	甲骨文
六書屬性	形聲字	
文字解形	從艸、監聲。	
本義	一年生草本植物。葉含藍汁可製藍 靛做染料。	
說文	染青艸也。從艸監聲。	
字義	1.姓。 2.顏色。 3.藍圖：建設計畫的構圖，通常以藍色為之故名。	

百家姓	郎 láng	甲骨文
六書屬性	形聲字	
文字解形	從邑、良聲。表示與行政區域有關。	
本義	古地名。現山東金鄉縣境內。	
說文	魯亭也。從邑良聲。	
字義	1.姓。 2.古地名。 3.官名：始於戰國，帝王侍從官侍郎、中郎、郎中等的通稱。 4.稱謂：稱呼青少年男子／丈夫或情人等。	

百家姓	冷 lěng	甲骨文
六書屬性	形聲字	
文字解形	從仌（冰）、令聲。	
本義	寒涼。	
說文	寒也。從仌令聲。	
字義	1.姓。 2.冷落。 3.不熱鬧：冷清。 4.趁人不備：放冷箭。	

百家姓	黎 lí	甲骨文
六書屬性	形聲字	
文字解形	從黍、利省聲。	
本義	黍膠（糨糊）。以黍米製成用以粘履。	
說文	履黏也。從黍，利省聲。利，古文利。做履黏以黍米。	
字義	1.姓。 2.假借為「齊」。眾多，數目很多：黎民百姓。 3.顏色黑中帶黃：土青曰黎。 4.黎明：天剛亮的時候。 5.黎族：中國少數民族之一。	

百家姓	李 lǐ	甲骨文
六書屬性	形聲字	
文字解形	從木、子聲。	
本義	李樹。	
說文	果也。從木子聲。	
字義	1.姓。 2.李樹：落葉喬木，春天開白花，果實熟時為黃色或紫紅色。 3.獄官。通「理」，大理院。	

百家姓	酈 lì	甲骨文
六書屬性	形聲字	
文字解形	從邑、麗聲。	
本義	地名。	
說文	南陽縣。從邑麗聲。	
字義	1.姓。 2.酈lí：古時地名。	

百家姓	曆 lì	甲骨文
六書屬性	形聲字	
文字解形	通「歷」字。從日、厤聲。「歷」從「止」，表示與腳、行走有關。以「日」代「止」，顯示太陽的行走。	
本義	表時間總括。	
說文	厤象也。從日厤聲。《史記》通用歷。	
字義	1.姓。 2.推算歲時節候之法。 3.曆法。	

百家姓	廉 lián	甲骨文
六書屬性	形聲字	
文字解形	從广、兼聲。從「广」，表示與房屋有關。	
本義	廳堂的側邊。	
說文	庂也。從广兼聲。	
字義	1.姓。 2.不貪污：廉潔。 3.便宜：廉價。	

百家姓	廖 liào	甲骨文
六書屬性	形聲字	
文字解形	從广、翏聲。	
本義	人名。	
說文	人姓。從廣，未詳。當是省膠字爾。	
字義	1.姓。 2.古國名。 3.假借為「寥」。空曠。	

百家姓	藺 lìn	甲骨文
六書屬性	形聲字	
文字解形	從艸、閵聲。	
本義	一種多年生草本植物。	
說文	莞屬。從艸閵聲。	
字義	1.姓。 2.藺：也稱馬藺，根莖粗、葉線形、花藍紫色。葉堅韌可繫物，又可造紙。根可製刷子。 3.假借為「稜」。 4.通「躪」。車輪碾壓。	

百家姓	淩 líng	甲骨文
六書屬性	形聲字	
文字解形	從水、夌聲。	
本義	水名。	
說文	水。在臨淮。從水夌聲。	
字義	1.姓。 2.河名。	

百家姓	柳 liǔ	甲骨文
六書屬性	形聲字	
文字解形	從木、丣聲。	
本義	木名。柳枝柔韌下垂。	
說文	小楊也，從木丣聲。	
字義	1.姓。 2.星宿名；二十八宿之一。	

百家姓	劉 liú	甲骨文
六書屬性	形聲字	
文字解形	從金、從刀、卯聲。甲骨文字源同「卯」。	
本義	殺戮。	
說文	說文無此字。	
字義	1.姓。 2.大規模的殺戮。 3.戰勝。 4.兵器名。斧鉞。	

百家姓	隆 lóng	甲骨文
六書屬性	形聲字	
文字解形	從生、降省聲。降升，先降後升。	
本義	高。	
說文	無收錄此字。	
字義	1.姓。 2.盛大：隆重。 3.蓬勃發展：興隆。	

百家姓	盧 lú	甲骨文
六書屬性	形聲字	
文字解形	從皿、虍聲。	
本義	飯器。	
說文	飯器也。從皿虎聲。	
字義	1.姓。 2.瞳仁。 3.通「顱」，頭蓋骨。 4.通「廬」，房屋。 5.黑色：盧弓。	

百家姓	路 lù	甲骨文
六書屬性	形聲字	
文字解形	從足、各聲。	
本義	道路。	
說文	道也。從足各聲。	
字義	1.姓。 2.道路、方向。 3.古時稱車為路：蓽路藍縷。 4.宋時的行政單位。	

百家姓	祿 lù	甲骨文
六書屬性	形聲兼會意字	
文字解形	從示、彔聲。從「示」、從「彔」酒袋，表以酒祀祖以祈福。	
本義	福氣。	
說文	福也。從示彔聲。	
字義	1.姓。 2.官吏的俸給：俸祿。	

百家姓	欒 luán	甲骨文
六書屬性	形聲字	
文字解形	從木、䜌聲。	
本義	木名。落葉喬木。種子圓形黑色，葉子可製栲膠。花可提煉黃色染料，又可入藥。	
說文	木。似欄。從木䜌聲。《禮》：天子樹松，諸侯柏，大夫欒，士楊。	
字義	1.姓。 2.建築物立柱和橫樑之間成弓形的承重結構。 3.通「孿」：雙胞胎。	

百家姓	駱 luò	甲骨文
六書屬性	形聲字	
文字解形	從馬、各聲。	
本義	尾和鬣毛黑色的白馬。	
說文	馬白色黑鬣尾也。從馬各聲。	
字義	1.姓。 2.通「絡」：駱繹不絕。 3.駱駝。 4.駱馬。	

百家姓	滿 mǎn	甲骨文
六書屬性	形聲字	
文字解形	從水、㒼聲。	
本義	水滿溢出。	
說文	盈溢也。從水㒼聲。	
字義	1.姓。 2.佈滿。 3.全部：滿心歡喜。 4.足夠：滿足。 5.驕傲：自滿。	

百家姓	茅 máo	甲骨文
六書屬性	形聲字	
文字解形	從艸、矛聲。甲骨文為象形字。	
本義	草名。即白茅，俗稱茅草。	
說文	菅：茅也。	
字義	1.姓。 2.多年生草本植物。久久未有人走踏的路，常為茅草堵塞。故有茅塞頓開之言。	

百家姓	梅 méi	甲骨文
六書屬性	形聲字	
文字解形	從木、每聲。	
本義	梅樹。	
說文	枏也。可食。從木每聲。	
字義	1.姓。 2.梅樹：落葉喬木。早春開花，花以白色、淡紅色為主。氣味清香。核果近球形，未熟時為青色，成熟後一般呈黃色。味極酸。梅以曲為美，直則無姿。	

百家姓	蒙 méng	甲骨文
六書屬性	形聲字	
文字解形	從艸、冢聲。	
本義	草名。	
說文	王女也。從艸冢聲。	
字義	1.姓。 2.蒙：草名。即菟絲，一年生纏繞寄生草本。種子入藥。 3.敬詞。受，承：多蒙指教。	

百家姓	靡 mí	甲骨文
六書屬性	形聲字	
文字解形	從米、麻聲。	
本義	粥狀的食物。	
說文	糝也。從米麻聲。	
字義	1.姓。 2。粉碎、搗爛：靡軀（粉身碎骨，指獻出生命)。 3。浪費、耗費過多：靡費。	

百家姓	宓 mì	甲骨文
六書屬性	形聲兼會意字	
文字解形	從宀、必聲。心在室為宓。	
本義	安寧。	
說文	安也。從宀必聲。	
字義	1.姓。 2.安靜：宓穆。 3.秘密。	

百家姓	繆 miào	甲骨文
六書屬性	形聲字	
文字解形	從糸、翏聲。	
本義	高飛（麻質輕而高）。	
說文	枲之十絜也。一曰綢繆。從糸翏聲。	
字義	1.姓。 2.錯誤：謬誤。 3.詐偽：繆數（詐偽之術)。	

百家姓	閔 mǐn	甲骨文
六書屬性	形聲字	
文字解形	從門、文聲。	
本義	弔唁。	
說文	弔者在門也。從門文聲。	
字義	1.姓。 2.憐恤：同「憫」。 3.黽勉：閔勉。 4.憂慮：閔閔焉。	

百家姓	慕 mù	甲骨文
六書屬性	形聲字	
文字解形	從心、莫聲。	
本義	心嚮往之。	
說文	習也。從心莫聲。	
字義	1.姓。 2.想念：思慕。 3.景仰：敬慕。	

百家姓	穆 mù	甲骨文
六書屬性	形聲字	
文字解形	從禾、㐆聲。甲骨文象其穀禾成熟下垂的樣子。	
本義	穀禾成熟下垂。	
說文	禾也。從禾㐆聲。	
字義	1.姓。 2.古時宗廟制度，父居左為昭，子居右為穆。 3.和暢：和穆。 4.嚴肅：靜穆。	

百家姓	那 nā	甲骨文
六書屬性	形聲字	
文字解形	從邑、冄聲。從「邑」表與地方或地名有關。	
本義	地名、國名。	
說文	無收錄此字。	
字義	1.姓。 2.那nà：指示代詞。	

百家姓	倪 ní	甲骨文
六書屬性	形聲字	
文字解形	從人、兒聲。	
本義	小孩。	
說文	俾也。從人兒聲。	
字義	1.姓氏。 2.邊際：無倪。 3.頭緒：端倪。	

百家姓	潘 pān	甲骨文
六書屬性	形聲字	
文字解形	從水、番聲。	
本義	淘米水。	
說文	淅米汁也。一曰水名，在河南滎陽。從水番聲。	
字義	1.姓。 2.古水名／山名／地名。	

百家姓	鈕 niǔ	甲骨文
六書屬性	形聲字	
文字解形	從金、丑聲。	
本義	印把子。	
說文	印鼻也。從金丑聲。	
字義	1.姓。 2.器物上可供提攜、繫繩的地方。 3.相交互的扣結：鈕釦。 4.器物上可供旋轉的地方：旋鈕。 5.鈕chǒu：刑具。腳鐐手銬之類。	

百家姓	龐 pang	甲骨文
六書屬性	形聲兼會意字	
文字解形	從广、龍聲。广象房子，龍表高大。表房子之高大。	
本義	高屋。	
說文	高屋也。從廣龍聲。	
字義	1.姓。 2.臉盤：臉龐。 3.多而雜亂的：龐雜。 4.高大：龐大。	

百家姓	裴 péi	甲骨文
六書屬性	形聲字	
文字解形	從衣、非聲。	
本義	長衣下垂的樣子。	
說文	長衣貌。	
字義	姓。	

百家姓	蓬 péng	甲骨文
六書屬性	形聲字	
文字解形	從艸、逢聲。	
本義	草名。蓬蒿。	
說文	蒿也。從艸逢聲。	
字義	1.姓。 2.蓬門：蓬草編成的門戶。形容窮人的住家。 3.旺盛：朝氣蓬勃。	

百家姓	濮 pú	甲骨文
六書屬性	形聲字	
文字解形	從水、僕聲。	
本義	古水名。	
說文	水。出東郡濮陽，南入鉅野。從水僕聲。	
字義	1.姓。 2.古水名。 3.古州名。	

百家姓	蒲 pú	甲骨文
六書屬性	形聲字	
文字解形	從水、從艸、浦聲。	
本義	植物名。香蒲。	
說文	水艸也。可以做席。從艸浦聲。	
字義	1.姓。 2.蒲：多年生草本。成熟的果穗有絨毛，可做枕芯。葉狹長，可編席、扇、蒲包等。根莖可吃。	

百家姓	浦 pǔ	甲骨文
六書屬性	形聲字	
文字解形	從水、甫聲。	
本義	水濱。	
說文	瀕也。從水甫聲。	
字義	1.姓。 2.指江、河、池塘等水面。 3.江河與支流匯合之處。	

百家姓	溥 pǔ	甲骨文
六書屬性	形聲字（兼會意字）	
文字解形	從水、專聲。	
本義	洪水四放貌。	
說文	大也。從水專聲。	
字義	1.姓。 2.範圍廣大。 3.水涯曰「溥」，通「浦」。	

百家姓	戚 qī	甲骨文
六書屬性	形聲字	
文字解形	從戉、尗聲。	
本義	古兵器名，斧的一種。亦用為舞具。	
說文	戉也。從戉尗聲。	
字義	1.姓。 2.親屬：親戚。 3.憂愁；悲傷。通「慽」、「慼」。	

百家姓	祁 qí	甲骨文
六書屬性	形聲字	
文字解形	從邑、示聲。從邑的字與地名有關。	
本義	地名。	
說文	太原縣。從邑示聲。	
字義	1.姓。 2.大：祁寒。 3.眾多的樣子：祁祁。 4.祁劇：湖南省地方戲曲劇種之一。	

百家姓	錢 qián	甲骨文
六書屬性	形聲字	
文字解形	從金、戔聲。甲骨文字源同「泉」，表周流四方之意。	
本義	農具名，即鐵鏟。	
說文	錢：銚也。古田器。從金戔聲。《詩》曰：「庤乃錢鎛。」	
字義	1.姓。 2.貨幣：銅錢。 3.重量的單位：十錢為一兩。	

百家姓	強 qiáng	甲骨文
六書屬性	形聲字	
文字解形	從虫、弘聲。甲骨文字源同「疆」。	
本義	長久、健壯。	
說文	蚚也。從虫弘聲。	
字義	1.姓。 2.健壯，有力。 3.增多。 4.兇狠：強橫。 5.強jiàng：任性固執。 6.強jiāng通：「疆」或「僵」。	

百家姓	譙 qiáo	甲骨文
六書屬性	形聲字（兼會意）	
文字解形	從言、焦聲。	
本義	厲言斥責之意。	
說文	嬈譊也。從言焦聲。讀若嚼。	
字義	1.姓。 2.古縣名 3.城門上的望樓 4.通「瞧」。瞭望。 5.譙 qiào ：1.責備；譴責。	

百家姓	欽 qīn	甲骨文
六書屬性	形聲兼會意字	
文字解形	從欠、金聲。	
本義	表知己之有所欠，而可以敬人，可以惕勵前行。	
說文	欠皃。從欠金聲。	
字義	1.姓。 2.帝王決定的事宜冠以「欽」字，以示崇高與尊敬。 3.敬重：欽佩。	

百家姓	琴 qín	甲骨文
六書屬性	形聲字	
文字解形	從珏、今聲。甲骨文，從「珏」象絲弦樂器上的弦橋，下面象琴身。	
本義	本做「珡」。撥絃樂器。俗稱古琴	
說文	珡：禁也。神農所作。洞越。練朱五弦，周加二弦。象形。凡珡之屬皆從珡。	
字義	1.姓。 2.某種類樂器的通稱。	

百家姓	邱 qiū	甲骨文
六書屬性	形聲字	
文字解形	從邑、丘聲。	
本義	地名。	
說文	地名。從邑丘聲。	
字義	1.姓：至聖孔子名丘，清雍正時宣佈除四書五經外，凡遇「丘」字，並加「阝」旁為「邱」，以避諱。 2.小土堆。	

百家姓	仇 qiú	甲骨文
六書屬性	形聲字	
文字解形	從人、九聲。	
本義	配偶、同伴。	
說文	讎也。從人九聲。	
字義	1.姓。 2.怨恨：深仇大恨。	

百家姓	裘 qiú	甲骨文
六書屬性	形聲字	
文字解形	從衣、求聲。「求」為「裘」的古字。	
本義	皮衣。	
說文	皮衣也。從衣求聲。一曰象形，與衰同意。凡裘之屬皆從裘。	
字義	1.姓。 2.皮衣。	

百家姓	屈 qū	甲骨文
六書屬性	形聲字	
文字解形	從尸、出聲。尸象臥著的人形。	
本義	屈曲。	
說文	無尾也。從尾出聲。	
字義	1.姓。 2.彎曲：首屈一指。 3.妥協：屈服。 4.冤枉：冤屈。 5.理虧：理屈。	

百家姓	璩 qú	甲骨文
六書屬性	形聲字	
文字解形	從玉、豦聲。	
本義	玉做的環。	
說文	環屬。從玉豦聲。	
字義	1.姓。 2.耳環。	

百家姓	權 quán	甲骨文
六書屬性	形聲字	
文字解形	從木、雚聲。	
本義	黃花木。	
說文	黃花木。從木雚聲。一曰反常。	
字義	1.姓。 2.測定物體重量的器具：權衡輕重。 3.支配和指揮的力量：權力。 4.變通：權變。	

百家姓	卻 què	甲骨文
六書屬性	形聲字	
文字解形	從卩、谷聲。卩象人跪坐之姿。	
本義	退卻。	
說文	節慾也。從卩谷聲。	
字義	1.姓。 2.謝絕：推卻。 3.冷卻、忘卻。	

百家姓	饒 ráo	甲骨文
六書屬性	形聲字	
文字解形	從食、堯聲。	
本義	飽足。	
說文	飽也。從食堯聲。	
字義	1.姓。 2.富足：物產豐饒。 3.寬恕：饒恕。	

百家姓	任 rén	甲骨文
六書屬性	形聲兼會意字	
文字解形	從人、壬聲。壬是任的初文。壬即擔荷的擔子的豎立形。	
本義	挑擔；負荷。	
說文	符也。從人壬聲。	
字義	1.姓。 2.漢王莽時女子的爵位名。用以稱公主。 3.通「壬」。壬人，狡猾諂媚的人。	

百家姓	融 róng	甲骨文
六書屬性	形聲字	
文字解形	從鬲、虫省聲。鬲是古時的一種烹飪器具。甲骨文，象鬲之形。	
本義	炊煮器具。	
說文	炊氣上出也。從鬲，虫省聲。	
字義	1.姓。 2.融化、融合。 3.長遠：內性昭融。 4.流通：金融。	

百家姓	榮 róng	甲骨文
六書屬性	形聲字	
文字解形	從木、熒省聲。上兩支火把如相互照耀的花朵，從木表示與樹木有關。	
本義	梧桐。	
說文	桐木也。從木，熒省聲。一曰屋栳之兩頭起者為榮。	
字義	1.姓。 2.草本植物的花：木謂之華、草謂之榮。 3.飛簷，古建築屋簷兩頭翹起的部分。 4.茂盛：欣欣向榮。 5.敬重：榮耀主。	

百家姓	茹 rú	甲骨文
六書屬性	形聲字	
文字解形	從艸、如聲。	
本義	吃。	
說文	飤馬也。從艸如聲。	
字義	1.姓。 2.茹毛飲血。 3.蔬菜的總稱。 4.腐臭：茹魚。	

百家姓	汝 rǔ	甲骨文
六書屬性	形聲字	
文字解形	從水、女聲。	
本義	汝水。	
說文	水。出弘農盧氏還歸山，東入淮。從水女聲。	
字義	1.姓。 2.代名詞，多用於稱同輩或後輩。	

百家姓	阮 ruǎn	甲骨文
六書屬性	形聲字	
文字解形	從阜、元聲。	
本義	五阮關。	
說文	代郡五阮關也。從自元聲。	
字義	1.姓。 2.古國名。 3.古弦樂器的簡稱。	

百家姓	芮 ruì	甲骨文
六書屬性	形聲字	
文字解形	從艸、內聲。	
本義	草初生的樣子。	
說文	芮芮，艸生皃。從艸內聲。讀若汭。	
字義	1.姓。 2.小的。 3.柔軟的。 4.結在盾上的絲帶。 5.古國名。	

百家姓	商 shāng	甲骨文
六書屬性	形聲字	
文字解形	從㕯、章省聲。	
本義	從外知內。從外知內尚靜靜觀察，審度。	
說文	從外知內也。從㕯，章省聲。	
字義	1.姓。 2.朝代名。 3.商議，商討；商量。 4.買賣，做生意，也指做生意的人、行為或標的物。	

百家姓	賞 shǎng	甲骨文
六書屬性	形聲字	
文字解形	從貝、尚聲。	
本義	賞賜；獎給。	
說文	賜有功也。從貝尚聲。	
字義	1.姓。 2.獎賞。 3.讚揚、喜歡。	

百家姓	韶 sháo	甲骨文
六書屬性	形聲字	
文字解形	從音、召聲。	
本義	傳說中虞舜時代的樂曲名。	
說文	虞舜樂也。《書》曰：「《簫韶》九成，鳳皇來儀。」從音召聲。	
字義	1.姓。 2.古樂的通稱。 3.美好。	

百家姓	邵 shào	甲骨文
六書屬性	形聲字	
文字解形	從女、召聲。	
本義	姓氏。	
說文	晉邑也。從邑召聲。	
字義	1.姓。 2.古地名。	

百家姓	佘 shé	甲骨文
六書屬性	形聲字	
文字解形	從八、從舍省。	
本義	姓氏。	
說文	無收錄此字。	
字義	姓。	

百家姓	慎 shèn	甲骨文
六書屬性	形聲字	
文字解形	從心、真聲。	
本義	謹慎。	
說文	謹也。從心真聲。	
字義	1.姓。 2.小心謹慎。 3.慎重其事。	

百家姓	盛 shèng	甲骨文
六書屬性	形聲字	
文字解形	從皿，為祭祀用的盛器。從成表聲。	
本義	放在祭器裡獻享之物。	
說文	黍稷在器中以祀者也。從皿成聲。	
字義	1.姓。 2.興旺、強烈、壯大等。 3.盛 chéng：器皿。如杯、碗之類，可當動詞用。	

百家姓	舒 shū	甲骨文
六書屬性	形聲兼會意字	
文字解形	從舍、從予、予亦聲。	
本義	伸展、舒展。	
說文	伸也。從舍從予，予亦聲。一曰舒，緩也。	
字義	1.姓。 2.開展，身心愉快：舒展筋骨，舒服。 3.緩慢，從容：舒緩。	

百家姓	松 sōng	甲骨文
六書屬性	形聲字	
文字解形	從木、公聲。	
本義	松科植物的總稱。	
說文	木也。從木公聲。	
字義	1.姓。 2.樹木名。	

百家姓	蘇 sū	甲骨文
六書屬性	形聲字	
文字解形	從艸、穌聲。	
本義	紫蘇。	
說文	桂荏也。從艸穌聲。	
字義	1.姓。 2.鬚狀下垂的飾物：流蘇。 3.柴草：樵蘇脂燭。 4.江蘇省的簡稱。	

百家姓	邰 tái	甲骨文
六書屬性	形聲字	
文字解形	從邑、台聲。	
本義	地名。	
說文	炎帝之後，姜姓所封，周棄外家國。從邑台聲。右扶風釐縣是也。《詩》曰：「有邰家室。」	
字義	1.姓。 2.古國名；地名。 3.邰棄：即后稷。古代周族始祖。傳說有邰氏之女姜嫄見上帝足跡而履其拇，懷孕而生。	

百家姓	譚 tán	甲骨文
六書屬性	形聲字	
文字解形	從言、覃聲。	
本義	同「談」。	
說文	無收錄此字。	
字義	1.姓。 2.綿延相及。 3.宏大：修業居久而譚。 4.周朝諸侯國名。	

百家姓	談 tán	甲骨文
六書屬性	形聲字	
文字解形	從言、炎聲。	
本義	談論。	
說文	語也。從言炎聲。	
字義	1.姓。 2.說話：閒談。 3.言論：高談闊論。	

百家姓	湯 tang	甲骨文
六書屬性	形聲字	
文字解形	從水、易聲。	
本義	熱水；開水。	
說文	熱水也。從水易聲。	
字義	1.姓氏。 2.廣大貌：湯湯。 3.熱水：見不善如探湯。	

百家姓	唐 táng	甲骨文
六書屬性	形聲字	
文字解形	從口、庚聲。	
本義	說大話。	
說文	大言也。從口庚聲。	
字義	1.姓。 2.朝代名。 3.誇大：荒唐可笑。 4.廣大：氣勢唐皇。	

百家姓	陶 táo	甲骨文
六書屬性	形聲字	
文字解形	從阜、匋聲。阜,土山。	
本義	陶丘(重疊的山丘)。	
說文	再成丘也,在濟陰。從阜匋聲。《夏書》曰:「東至於陶丘。」陶丘有堯城,堯嘗所居,故堯號陶唐氏。	
字義	1.姓。 2.用土燒制的器物:陶瓷。 3.造就,培養:陶冶。 4.快樂:陶然。	

百家姓	滕 téng	甲骨文
六書屬性	形聲字	
文字解形	從水、朕聲。	
本義	水向上騰湧。	
說文	水超湧也。從水朕聲。	
字義	1.姓氏。 2.古國名／地名。 3.引申為張口說話:滕口。	

百家姓	通 tōng	甲骨文
六書屬性	形聲字	
文字解形	從辵、甬聲。	
本義	順暢，沒有堵塞。	
說文	達也。從辵甬聲。	
字義	1.姓。 2.泛指兩個不同主題溝通無礙。 3.平常、一般：通俗。	

百家姓	佟 tóng	甲骨文
六書屬性	形聲字	
文字解形	從人、冬聲。	
本義	姓氏。	
說文	無收錄此字。	
字義	姓。	

百家姓	童 tóng	甲骨文
六書屬性	形聲兼會意字	
文字解形	從辛、重省聲。	
本義	男奴僕。	
說文	男有皋曰奴，奴曰童，女曰妾。從辛，重省聲。	
字義	1.姓。 2.小孩子：孩童。 3.指未成年的男僕：小書童。 4.不長草木的山：童山濯濯。 5.未嚐禁果的：童貞。	

百家姓	塗 tú	甲骨文
六書屬性	形聲字	
文字解形	從土、涂聲。	
本義	泥土。	
說文	泥也。從土涂聲。	
字義	1.姓。 2.抹刷，粉飾：塗抹。 3.爛泥：塗炭生靈。	

百家姓	屠 tú	甲骨文
六書屬性	形聲字	
文字解形	從尸、者聲。「尸」，祭祀時代表死者受祭的活人。	
本義	宰殺牲畜。	
說文	刳也。從尸者聲。	
字義	1.姓。 2.宰殺牲畜。 3.殺戮，殘殺。	

百家姓	汪 wān	甲骨文
六書屬性	形聲字	
文字解形	從水、王聲。	
本義	深廣的樣子。	
說文	深廣也。從水王聲。一曰汪，池也。	
字義	1.姓。 2.淚多的：淚汪汪。	

百家姓	隗 wěi	甲骨文
六書屬性	形聲字	
文字解形	從自、鬼聲。	
本義	古國名。	
說文	隗隗也。從自鬼聲。	
字義	1.姓。 2.高峻的樣子。 3.倒塌。	

百家姓	蔚 wèi	甲骨文
六書屬性	形聲字	
文字解形	從艸、尉聲。	
本義	牡蒿：菊科多年生草本植物，全草可入藥。	
說文	牡蒿也。從艸尉聲。	
字義	1.姓。 2.盛大的樣子：蔚為風氣。 3.草木茂盛。 4.文辭華美。 5.藍色。	

百家姓	魏 wèi	甲骨文
六書屬性	形聲字	
文字解形	從鬼，委聲。	
本義	闕宮門的台觀。	
說文	未收錄此字。	
字義	1.姓。 2.古國名。 3.高大貌。	

百家姓	溫 wēn	甲骨文
六書屬性	形聲字	
文字解形	從水、昷聲。	
本義	水名。	
說文	水。出犍為涪，南入黔水。從水昷聲。	
字義	1.姓。 2.古水名。 3.暖：溫暖。 4.複習：溫習。 5.柔和：溫和。	

百家姓	聞 wén	甲骨文
六書屬性	形聲字	
文字解形	從耳、門聲。	
本義	聽到。	
說文	知聞也。從耳門聲。	
字義	1.姓。 2.聽：耳聞目睹。 3.聽說的：新聞。 4.名聲：醜聞。 5.用鼻子嗅：聞到氣味。	

百家姓	翁 wēng	甲骨文
六書屬性	形聲字	
文字解形	從羽、公聲。	
本義	鳥頸毛。	
說文	頸毛也。從羽公聲。	
字義	1.姓。 2.祖父：假借為「公」，指父親。 3.夫之父或妻之父：翁婿（岳父和女婿）。 4.泛稱男性老人：老翁。	

百家姓	沃 wò	甲骨文
六書屬性	形聲字	
文字解形	從水、夭聲。	
本義	水從上澆下。	
說文	溉灌也。從水夭聲。	
字義	1.姓。 2.土地肥美：沃地千里。 3.灌溉：以湯沃雪。	

百家姓	鄔 wū	甲骨文
六書屬性	形聲字	
文字解形	從邑、烏聲。	
本義	打獵用的有長柄的網。	
說文	太原縣。從邑烏聲。	
字義	1.姓。 2.地名。	

百家姓	郗 xī	甲骨文
六書屬性	形聲字	
文字解形	從邑、希聲。	
本義	地名。	
說文	周邑也。在河內。從邑希聲。	
字義	1.姓。 2.地名。	

百家姓	項 xiàng	甲骨文
六書屬性	形聲字	
文字解形	從頁、工聲。從頁，與頭有關。	
本義	脖子的後部。	
說文	頭後也。從頁工聲。	
字義	1.姓。 2.指頸部：項鍊。 3.事物的分類：項目。 4.經費：款項。 5.量詞：兩項事宜。	

百家姓	蕭 xiāo	甲骨文
六書屬性	形聲字	
文字解形	從艸、肅聲。	
本義	艾蒿。	
說文	艾蒿也。從艸肅聲。	
字義	1.姓。 2.古國名。 3.荒涼：蕭條。 4.蕭斧。 5.香蒿，也叫「青蒿」。 6.蕭艾（臭草名。比喻不肖或平凡無才）。	

百家姓	謝 xiè	甲骨文
六書屬性	形聲字	
文字解形	從言、射聲。	
本義	向人認錯道歉。	
說文	辭去也。從言謝聲。	
字義	1.姓。 2.感激：感謝。 3.推辭：謝絕推銷。 4.凋落：新陳代謝。 5.告訴：多謝後世人。	

百家姓	莘 xin	甲骨文
六書屬性	形聲字	
文字解形	從艸、從辛。草名。多年生草本植物。	
本義	植物名。	
說文	無收錄此字。	
字義	1.姓。 2.莘shen：眾多的樣子。 3.莘shen：古國名。	

百家姓	邢 xíng	甲骨文
六書屬性	形聲字	
文字解形	從邑、幵聲。	
本義	古國名。	
說文	周公子所封，地近河內懷。從邑幵聲。	
字義	1.姓。 2.古國名。	

百家姓	熊 xióng	甲骨文
六書屬性	形聲字	
文字解形	從能、炎省聲。炎表其能量大。甲骨文為象形字。	
本義	一種哺乳動物名。	
說文	獸似豕。山居，冬蟄。從能，炎省聲。凡熊之屬皆從熊。	
字義	1.姓。 2.一種兇猛動物名。 3.比喻象熊一樣兇猛的人或情勢。	

百家姓	胥 xū	甲骨文
六書屬性	形聲字	
文字解形	從肉、聲。	
本義	蟹醬。	
說文	周公子所封，地近河內懷。從邑疋聲。	
字義	1.姓。 2.一會兒。 3.小官吏。	

百家姓	徐 xú	甲骨文
六書屬性	形聲字	
文字解形	從彳、余聲。行字旁與行走有關。	
本義	緩步走。	
說文	安行也。從彳余聲。	
字義	1.姓。 2.安穩的樣子：徐徐。	

百家姓	許 xǔ	甲骨文
六書屬性	形聲字	
文字解形	從言、午聲。	
本義	應允、許可。	
說文	聽也。從言午聲。	
字義	1.姓。 2.古國名。 3.殷勤：引伸為嚴肅（鄭重）。 4.稱讚：讚許。 5.可能：也許。	

百家姓	宣 xuān	甲骨文
六書屬性	形聲字	
文字解形	從宀、亙聲。「宀」與房屋有關。亙為屋內迴廊曲曲以象其大。	
本義	帝王的宮殿。	
說文	天子宣室也。從宀亙聲。	
字義	1.姓。 2.古代帝王的大室。 3.帝王的詔書。 4.宣紙的簡稱。 5.發揚／發表／疏通／暢達。	

百家姓	薛 xuē	甲骨文
六書屬性	形聲字	
文字解形	從艸、辥聲。	
本義	一種草本植物，即「賴蒿」。	
說文	艸也。從艸辥聲。	
字義	1.姓。 2.古國名。	

百家姓	荀 xún	甲骨文
六書屬性	形聲字	
文字解形	從艸、旬聲。	
本義	一種傳說中的草名。	
說文	艸也。從艸旬聲。	
字義	1.姓。 2.荀草：傳說中的香草。據說服之可以美容色。	

百家姓	鄢 yān	甲骨文
六書屬性	形聲字	
文字解形	從邑、焉聲。	
本義	古邑名。	
說文	南郡縣。孝惠三年改名宜城。從邑焉聲。	
字義	1.姓。 2.古邑名。	

百家姓	閆 yán（同「閻」字）	甲骨文
六書屬性	形聲字	
文字解形	從門、臽聲。	
本義	內巷的門，亦指裡巷。	
說文	裡中門也。從門臽聲。	
字義	1.姓。 2.裡巷的門。	

百家姓	顏 yán	甲骨文
六書屬性	形聲字	
文字解形	從頁、彥聲。從頁與頭有關。	
本義	印堂。	
說文	眉目之間也，從頁彥聲。	
字義	1.姓。 2.額頭：龍顏。 3.臉色／容貌：顏面。 4.色彩：顏色。	

百家姓	嚴 yán	甲骨文
六書屬性	會意字	
文字解形	從吅、嚴聲。	
本義	緊急。	
說文	教命急也。從吅嚴聲。	
字義	1.姓。 2.緊密：嚴密。 3.猛烈：嚴寒。 4.鄭重：嚴肅。 5.父親：家嚴。	

百家姓	閻 yán	甲骨文
六書屬性	形聲字	
文字解形	從門、臽聲。	
本義	內巷裡的門，亦指裡巷。	
說文	裡中門也。從門臽聲。	
字義	1.姓。 2.裡巷的門，又指裡巷：閻裡。	

百家姓	晏 yàn	甲骨文
六書屬性	形聲字	
文字解形	從日、安聲。	
本義	晴朗。	
說文	天清也。從日安聲。	
字義	1.姓。 2.安逸：晏樂。 3.晚：晏起。	

百家姓	陽 yáng	甲骨文
六書屬性	形聲字	
文字解形	從阜、易聲。從阜與山有關。	
本義	山南水北。	
說文	高、明也。從自易聲。	
字義	1.姓。 2.指太陽。 3.「陽」與「陰」相對：泛指「高的」、「凸的」、 「動的」等。	

百家姓	楊 yáng	甲骨文
六書屬性	形聲字	
文字解形	從木、易聲。	
本義	植物名。落葉喬木。	
說文	木也。從木易聲。	
字義	1.姓。 2.植物名。	

百家姓	養 yǎng	甲骨文
六書屬性	形聲字	
文字解形	隸書從食、羊聲。甲骨文，象以手持物趕放羊畜。	
本義	放養羊畜。	
說文	供養也。從食羊聲。	
字義	1.姓。 2.生育、撫育、教育。 3.休息、調理。	

百家姓	姚 yáo	甲骨文
六書屬性	形聲字	
文字解形	從女、兆聲。	
本義	姓氏。	
說文	虞舜居姚虛，因以為姓。從女兆聲。或為姚，嬈也。《史篇》以為：姚，易也。	
字義	1.姓。 2.好也。	

百家姓	葉 yè	甲骨文
六書屬性	形聲字	
文字解形	隸書為形聲字，從艸、枼聲。表示植物的葉子。甲骨文為象形字，象植物之葉。	
本義	草木之葉。	
說文	艸木之葉也。從艸枼聲。	
字義	1.姓。 2.植物的營養器官之一。 3.比喻輕小象葉子的東西：一葉扁舟。 4.葉shè：古地名。	

百家姓	羿 yì	甲骨文
六書屬性	形聲字	
文字解形	從羽、幵聲。	
本義	有羽之箭。	
說文	羽之羿風。亦古諸侯也。一曰射師。從羽幵聲。	
字義	1.姓。 2.鳥張翅乘風而上。 3.古唐堯時帶的射師。	

百家姓	應 yìng	甲骨文
六書屬性	形聲字	
文字解形	從心、應聲。	
本義	理所該然也。	
說文	當也。從心應聲。	
字義	1.姓。 2.附和：應聲蟲。 3.接受：應邀。 4.對待：應付。 5.應用／應酬。	

百家姓	游 yóu	甲骨文
六書屬性	形聲字	
文字解形	從㲋、汙聲。	
本義	旌旗。	
說文	旌旗之流也。從㲋汙聲。	
字義	1.姓。 2.交際：交遊廣闊。 3.鳥媒。獵人馴養用以招引野鳥的家鳥。 4.從容的行走：遊玩。 5.移動不停：游移。	

百家姓	尤 yóu	甲骨文
六書屬性	形聲字	
文字解形	從乙、又聲。乙象植物屈曲生長的樣子，受到阻礙，才顯示出它的優異。	
本義	優異。	
說文	異也。從乙又聲。	
字義	1.姓。 2.格外：尤有甚者。 3.罪過：以儆效尤。	

百家姓	虞 yú	甲骨文
六書屬性	形聲字	
文字解形	從虍、吳聲。	
本義	傳說中的神獸。	
說文	騶虞也。白虎黑文，尾長於身。仁獸，食自死之肉。從虍吳聲。《詩》曰：「于嗟乎，騶虞。」	
字義	1.姓。 2.古代掌管山澤鳥獸的官吏。 3.古國名／朝代名。 4.古代一種祭祀名。既葬而祭叫虞，有安神之意。 5.料想／準備／欺詐／寄望／憂慮。	

百家姓	餘 yú	甲骨文
六書屬性	形聲字	
文字解形	從食、余聲。	
本義	飽足。	
說文	饒也。從食余聲。	
字義	1.姓。 2.剩下：剩餘。	

百家姓	庾 yǔ	甲骨文
六書屬性	形聲字	
文字解形	從广、臾聲。广，依山崖建成的房子。	
本義	沒頂蓋的糧倉。	
說文	水槽倉也。從廣臾聲。一曰倉無屋者。	
字義	1.姓。 2.露天儲積之穀物：庾積。 3.儲存水路轉運糧食的倉庫。 4.容量單位，一庾等於十六斗。 5.草名用字。	

百家姓	郁 yù	甲骨文
六書屬性	形聲字	
文字解形	從邑、有聲。	
本義	地名。	
說文	右扶風郁夷也。從邑有聲。	
字義	1.姓。 2.物實無中核者。 3.豐盛。 4.香氣濃烈。	

百家姓	喻 yù	甲骨文
六書屬性	形聲字	
文字解形	從口、俞聲。	
本義	把事情告知某人。同「諭」。	
說文	告也。從言俞聲。	
字義	1.姓。 2.開導：曉喻。 3.比方：比喻。	

百家姓	越 yuè	甲骨文
六書屬性	形聲字	
文字解形	從走、戉聲。	
本義	經過、越過。	
說文	度也。從走戉聲。	
字義	1.姓。 2.更加。 3.高遠：情感激越。 4.搶劫：殺人越貨。 5.周朝諸侯國名。	

百家姓	臧 zang	甲骨文
六書屬性	形聲字	
文字解形	從臣、戕聲。臣，奴隸。	
本義	男奴隸。	
說文	臧善也。從臣戕聲。	
字義	1.姓。 2.臧獲：古代對奴婢的賤稱。 3.臧僕：精選和訓練駕馭帝王所乘五輅的役夫。 4.成功：臧否。 5.善：陟罰臧否。	

百家姓	查 zhā	甲骨文
六書屬性	形聲字	
文字解形	從木、且聲。	
本義	木筏。	
說文	說文無此字。	
字義	1.姓 2.樹樁、樹叉。 3.檢查。	

百家姓	詹zhān	甲骨文
六書屬性	形聲字	
文字解形	從言、從八、從厃。	
本義	嚕蘇。	
說文	多言也。從言從八從厃。	
字義	1.姓。 2.廢多言：詹詹炎炎（喋喋不休的樣子)。 3.占定、擇定：謹詹於某年、月、日。	

百家姓	湛 zhàn	甲骨文
六書屬性	形聲字	
文字解形	從水、甚聲。	
本義	清澈透明。	
說文	沒也。從水甚聲。一曰湛水,豫章浸。	
字義	1.姓。 2.澄清:海水湛藍。 3.濃重:露水湛濃。 4.深沉:技術精湛。 5.盈飽:湛湛江水。	

百家姓	張 zhāng	甲骨文
六書屬性	形聲字	
文字解形	從弓、長聲。	
本義	把弦安在弓上。	
說文	施弓弦也。從弓長聲。	
字義	1.姓。 2.樂器上弦:改弦更張。 3.看:東張西望。 4.展開:綱舉目張。 5.陳設:鋪張。	

百家姓	趙 zhào	甲骨文
六書屬性	形聲字	
文字解形	從走、肖聲。	
本義	快走。	
說文	趙：趨趙也。從走肖聲。	
字義	1.姓。 2.國名。	

百家姓	甄 zhēn	甲骨文
六書屬性	形聲字	
文字解形	從瓦、垔聲。從「瓦」，與「瓦」有關，「垔」為聲。	
本義	製造陶器。	
說文	匋也。從瓦垔聲。	
字義	1.姓。 2.培養：可甄。 3.考察：甄選。	

百家姓	鄭 zhèng	甲骨文
六書屬性	形聲字	
文字解形	從邑、奠聲。從邑與地名、邦域有關。	
本義	周朝諸侯國名，姬姓。	
說文	京兆縣。周厲王子友所封。從邑奠聲。宗周之滅，鄭徙潧洧之上，今新鄭是也。	
字義	1.姓。 2.古國名。 3.殷勤：引伸為嚴肅（鄭重）。	

百家姓	終 zhōng	甲骨文
六書屬性	形聲字	
文字解形	從糸、冬聲。甲骨文右邊，象一束絲，兩頭打結於末端。	
本義	結束、終了。	
說文	絿絲也。從糸冬聲。	
字義	1.姓。 2.末端：終點。 3.最後：終於。 4.全部：終日。	

百家姓	鐘 zhōng	甲骨文
六書屬性	形聲字	
文字解形	從金、童聲。	
本義	古代青銅製的打擊樂器。	
說文	樂鐘也。秋分之音，物穜成。從金童聲。古者垂作鐘。	
字義	1.姓。 2.表時間器具：時鐘。 3.專注：鍾愛。 4.一種盛酒器。	

百家姓	諸 zhū	甲骨文
六書屬性	形聲字	
文字解形	從言、者聲。	
本義	問辯。	
說文	辯也。從言者聲。	
字義	1.姓。 2.眾多：諸位。 3.文言中的「之於」／「之乎」。	

百家姓	竺 zhú	甲骨文
六書屬性	形聲字	
文字解形	從二、竹聲。	
本義	竹。	
說文	厚也。從二竹聲。	
字義	1.姓。 2.竹子。 3.山名。 4.古代的一種樂器。 5.印度古譯名：「天竺」。	

百家姓	卓 zhuó	甲骨文
六書屬性	形聲字	
文字解形	匕形、早聲。「匕」表示「人」。	
本義	超然獨立。	
說文	高也。早匕為卓，匕卩為卬，皆同義。	
字義	1.姓。 2.不平凡：卓見。 3.遠：卓行。 4.高且直：卓爾不群。	

百家姓	訾 zī	甲骨文
六書屬性	形聲字	
文字解形	從言、此聲。從「言」與說話有關。因詆毀他人造成自己的過失。	
本義	詆毀。	
說文	不思稱意也。從言此聲。《詩》曰：「翕翕訿訿。」	
字義	1.姓。 2.訾：毀謗。 3.衡量；計量。 4.考慮。 5.放縱。	

百家姓	鄒 zōu	甲骨文
六書屬性	形聲字	
文字解形	從邑、芻聲。	
本義	古國名。	
說文	魯縣，古邾國，帝顓頊之後所封。從邑芻聲。	
字義	1.姓。 2.古國名。	

百家姓	祖 zǔ	甲骨文
六書屬性	形聲字	
文字解形	從示、從且。從「示」與祭祀、宗廟有關，且為祖先牌位。	
本義	祖廟。	
說文	始廟也。從示且聲。	
字義	1.姓。 2.父母的上一輩：祖父母。引申為前人的通稱：祖宗。 3.開始：鼻祖。 4.效法。	

第八章

六書百家姓
會意篇

百家姓	愛 ài	甲骨文
六書屬性	會意字	
文字解形	從心、從夊、從受省。表自己心（從心）有所感（從受），表現於外的行為（從夊）。	
本義	行惠於人而不息。	
說文	行皃。從夊悉聲。	
字義	1.姓。 2.對人、事或物的真誠而深厚的感情。 3.喜好、保護。 4.指男女間的感情。	

百家姓	安 ān	甲骨文
六書屬性	會意字	
文字解形	從「女」在「宀」下，表示無危險。	
本義	安定。	
說文	靜也。從女在宀下。	
字義	1.姓。 2.治理：治安。 3.平靜；安全；安定。	

百家姓	敖 áo	甲骨文
六書屬性	會意字	
文字解形	從出、從放。出即外出，放即放浪。	
本義	出遊。	
說文	出遊也。從出從放。	
字義	1.姓。 2.遊玩。 3.糧倉：秦朝所建穀倉。	

百家姓	暴 bào	甲骨文
六書屬性	會意字	
文字解形	甲骨文，從虎旁之以戒護的武器。表虎之兇殘足戒之。	
本義	兇殘之人與事。	
說文	無收錄此字。	
字義	1.姓。 2.兇殘。 3.突然而猛烈。 4.顯露、暴露。 5.蹧蹋：暴殄天物。	

百家姓	包 bāo	甲骨文
六書屬性	會意字	
文字解形	外邊的「勹」是「包」的本字。中間的「巳」象子未成形嬰孩。	
本義	女人懷孕。	
說文	象人裹妊，巳在中，象子未成形也。元氣起於子。子，人所生也。男左行三十，女右行二十，俱立於巳，為夫婦。裹妊於巳，巳為子，十月而生。男起巳至寅，女起巳至申。故男季始寅，女季始申也。凡包之屬皆從包。	
字義	1.姓。 2.包裹／包含。 3.擔保：包君滿意。	

百家姓	畢 bì	甲骨文
六書屬性	會意字	
文字解形	有柄的網，用以捕捉鳥獸、小動物之類的器具。上面加個「田」，表示田獵的對象或地方。	
本義	打獵用的有長柄的網。	
說文	田罔也。從華，象畢形。微也。或曰：由聲。	
字義	1.姓。 2.星名。二十八宿之一。 3.完成：畢業典禮。 4.完全：原形畢露。	

百家姓	卞 biàn	甲骨文
六書屬性	會意字	
文字解形	從亠（頭）、從卜（卜卦）。表示特別重視第一次卜卦結果的決議事項及作法。	
本義	法。必須遵守之正途。	
說文	無收錄此字。	
字義	1.姓。 2.古地名。 3.法度。 4.急躁：卞急而好潔。 5.今之摔角。	

百家姓	別 bié	甲骨文
六書屬性	會意字	
文字解形	甲骨文從冎、從刀。「冎」象骨頭之形，表用刀剔骨。	
本義	分解、分開。	
說文	分解也。從冎從刀。	
字義	1.姓。 2.另外。 3.區分。 4.用東西卡住。 5.禁止或勸阻：別吵。	

百家姓	步 bù	甲骨文
六書屬性	會意字	
文字解形	由兩隻腳重疊而成，表示兩腳一前一後走路。	
本義	行走。	
說文	行也。從止少相背。凡步之屬皆從步。	
字義	1.姓。 2.行走時兩腳之間的距離：腳步。 3.階段：關鍵一步。 4.舊制長度單位：一步等於五尺。	

百家姓	曹 cáo	甲骨文
六書屬性	會意字	
文字解形	從棘、從曰。	
本義	指訴訟的原告和被告。	
說文	獄之兩曹也。在廷東。從棘,治事者;從曰。	
字義	1.姓。 2.古代分科辦事的官署或部門。 3.雙方:分曹並進。	

百家姓	昌 chāng	甲骨文
六書屬性	會意字	
文字解形	從日、從曰。	
本義	善言,美言。	
說文	美言也。從日從曰。一曰日光也。《詩》曰:「東方昌矣。」	
字義	1.姓。 2.正直:正直的言論。 3.興旺發達:國運昌隆。 4.光明。	

百家姓	成 chén	甲骨文
六書屬性	會意字	
文字解形	甲骨文,從「丨」(即「杵」)從「斧」。有了杵跟斧,就具備了成就事情的條件。	
本義	完成。	
說文	就也。從戊丁聲。	
字義	1.姓。 2.變成。	

百家姓	充 chōng	甲骨文
六書屬性	會意字	
文字解形	隸書從兒、育省聲。育兒長大。	
本義	長高。	
說文	長也。高也。從兒,育省聲。	
字義	1.姓。 2.佈滿:充耳不聞。 3.擔當:充當。 4.冒充;假裝。	

百家姓	褚 chǔ	甲骨文
六書屬性	會意字	
文字解形	從衣、者聲。因卒著褚衣而名之。	
本義	古代稱兵卒。	
說文	卒也。從衣者聲。一曰製衣。	
字義	1.姓chǔ。 2.古代稱兵卒。 3.褚zhu：把絲棉裝入衣服。 4.褚zhǔ：古代棺飾名。大夫以上所用的形如宮室緊貼棺身的棺罩。	

百家姓	從 cóng	甲骨文
六書屬性	會意字	
文字解形	甲骨文，象二人相從而行。	
本義	隨行、跟隨。	
說文	隨行也，從辵，從从，從亦聲。	
字義	1.姓。 2.順從；依從。 3.從事；參與。 4.從屬的；次要的。 5.從容：不慌亂、寬裕。	

百家姓	法 fǎ	甲骨文
六書屬性	會意字	
文字解形	甲骨文,從「水」,表示水平、公平。從「廌」,為神話傳說中的神獸,據說可辨別曲直。	
本義	刑法;法律;法度。	
說文	刑也。平之如水,從水;所以觸不直者;去之,從去。	
字義	1.姓。 2.由國家機關制訂頒佈後強制執行的規則。 3.處理事物的手段:方法、手法。 4.標準、可仿效的:效法。	

百家姓	封 fēng	甲骨文
六書屬性	會意字	
文字解形	從圭象以土堆疊以為界,從寸表手,表示聚土以成土堆。其義為堆土(植樹)為界。	
本義	疆界;田界。	
說文	爵諸侯之土也。從之從土從寸,守其制度也。公侯,百里;伯,七十里;子男,五十里。	
字義	1.姓。 2.密閉:封閉。 3.帝王把官爵、土地或封號賞賜給親屬、臣子等:封侯。 4.封biǎn:棺木下葬。	

百家姓	伏 fú	甲骨文
六書屬性	會意字	
文字解形	從人、從犬。人如狗匍伏於地著。	
本義	趴下。	
說文	司也。從人從犬。	
字義	1.姓。 2.隱藏。 3.屈服。 4.通「服」字。	

百家姓	甘 gān	甲骨文
六書屬性	會意字	
文字解形	從口，中間的一橫象口中含的食物。能含在口中的食物往往是甜的、美的。	
本義	味美。	
說文	美也。從口含一。一，道也。凡甘之屬皆從甘。	
字義	1.姓。 2.甜、喜樂：同甘共苦。 3.自願：甘願。	

百家姓	公 gōng	甲骨文
六書屬性	會意字	
文字解形	上面是「八」表相背，，下面是「厶」為「私」的本字。	
本義	背私為公。	
說文	平分也。從八從厶。八猶背也。韓非曰：背厶為公。	
字義	1.姓。 2.國家的，集體的。 3.正直、合理的：公正。 4.雄的。 5.對男子的尊稱，古時的爵位。	

百家姓	古 gǔ	甲骨文
六書屬性	會意字	
文字解形	從十、從口。十口相傳以前的故事。	
本義	古代。	
說文	故也。從十、口。識前言者也。凡古之屬皆從古。	
字義	1.姓。 2.很久以前的：名勝古蹟。	

百家姓	國 guó	甲骨文
六書屬性	會意兼形聲字	
文字解形	甲骨文，從「口」表示疆域。從「戈」表防禦疆域的武力。隸書又於「或」的基礎上再加一個「口」。有大國吞小國之意。「或」兼表聲。	
本義	邦國。	
說文	邦也。從口從或。	
字義	1.姓。 2.國家。 3.代表國家的物件：國旗。	

百家姓	蓋 gài	甲骨文
六書屬性	形聲字	
文字解形	從艸、盍聲。	
本義	用蘆葦或茅草編成的覆蓋物。	
說文	無收錄此字	
字義	1.姓。 2.蓋：雨傘、車篷。	

百家姓	後 hòo	甲骨文
六書屬性	會意字	
文字解形	從彳、ㄠ、夊者,後也。從彳表行、從ㄠ表被繩繫住、從夊表腳。所以字意為:腳被繩繫住不得前行。	
本義	後面。	
說文	遲也。從彳、ㄠ、夊者,後也。	
字義	1.姓。 2.後面。	

百家姓	宦 huàn	甲骨文
六書屬性	會意字	
文字解形	隸書從宀、從臣。「宀」表示與房屋有關。從「臣」表奴隸。合起來表家奴。可以登堂入室的奴隸地位比其他奴隸高。	
本義	奴隸中居管理職者。	
說文	仕也。從宀從臣。	
字義	1.姓。 2.做官:官宦人家。 3.宦官:指「太監」。	

百家姓	惠 huì	甲骨文
六書屬性	會意字	
文字解形	隸書從心、從叀。甲骨文字象紡織的紡垂。	
本義	仁愛。	
說文	仁也。從心從叀。	
字義	1.姓。 2.柔順：賢惠。 3.好處：恩惠。	

百家姓	霍 huò	甲骨文
六書屬性	會意字	
文字解形	從雨，從隹。象鳥群飛起像雨落一樣的景象。發音huò，表其發出的聲音。	
本義	鳥疾飛時發出的聲音。	
說文	飛聲也。雨而雙飛者，其聲霍然。	
字義	1.姓。 2.疾速：霍然病逝。 3.山名。	

百家姓	汲 jí	甲骨文
六書屬性	會意兼形聲字	
文字解形	從水、從及。象以手打水貌。	
本義	用手取水。	
說文	引水於井也。從水從及，及亦聲。	
字義	1.姓。 2.引導向上；提拔。 3.不汲汲於富貴，不戚戚於貧賤。	

百家姓	吉 jí	甲骨文
六書屬性	會意字	
文字解形	上「士」象男丁，下「口」象數量。表增丁為吉祥之事。	
本義	吉祥；吉利。	
說文	善也。從士、口。	
字義	1.姓。 2.善美的。	

百家姓	季 jì	甲骨文
六書屬性	會意字	
文字解形	從子、從稚省。「稚」亦兼表讀音。	
本義	排行於最後的。	
說文	少偁也。從子，從稚省，稚亦聲。	
字義	1.姓。 2.排行最小的：伯、仲、叔、季。 3.季節。	

百家姓	計 jì	甲骨文
六書屬性	會意字	
文字解形	從言、從十。以「言」數數；「十」表示算到一個段落。	
本義	計算。	
說文	會也。筭也。從言從十。	
字義	1.姓。 2.測量：溫度計。 3.計謀、謀畫。 4.計較、比較。	

百家姓	家 jia	甲骨文
六書屬性	會意字	
文字解形	甲骨文，上面是「宀」，表示與家室有關，下面是「豕」，就是豬。豬是一種很普遍且重要的農家牲口。	
本義	屋內，住所。	
說文	居也。從宀，豭省聲。	
字義	1.姓。 2.謙詞：家母。 3.家庭或跟家庭有關的：家務事。 4.學術流派：儒家。 5.掌握某項專門技術的人：科學家。 6.人工飼養的：家兔。	

百家姓	焦 jiāo	甲骨文
六書屬性	會意字	
文字解形	上面是「隹」，短尾鳥。下面是「火」。把鳥放在火上烤。	
本義	物經火燒而變黃黑成炭。	
說文	無收錄此字。	
字義	1.姓。 2.著急：焦急。 3.乾枯：焦黃。 4.焦尾：焦桐，焦尾瑟。東漢蔡邕用一端有焦痕的桐木所製的琴。後多指名貴的琴。	

258

百家姓	金 jīn	甲骨文
六書屬性	會意字	
文字解形	「今」表覆蓋。「土」＋「二」表藏在地下的礦物。	
本義	金屬。	
說文	五色金也。黃為之長。久薶不生衣，百鍊不輕，從革不違。西方之行。生於土，從土；左右注，象金在土中形；今聲。凡金之屬皆從金。	
字義	1.姓。 2.金屬的通稱：金幣。 3.尊貴。 4.堅固：固若金湯。 5.打擊樂器：鳴金擊鼓。	

百家姓	晉 jìn	甲骨文
六書屬性	會意字	
文字解形	從日、從雙至。指追著太陽一直前進。	
本義	上進。	
說文	進也。日出萬物進。從日從臸。《易》曰：「明出地上，晉。」	
字義	1.姓。 2.古國名。 3.山西省的簡稱。 4.提高地位、級別或榮譽：晉升。	

百家姓	孔 kǒng	甲骨文
六書屬性	會意字	
文字解形	從人、從子。意味哺乳幼兒的乳穴。穴以通達為嘉美。	
本義	孔穴。	
說文	通也。從乚從子。乚，請子之候鳥也。乚至而得子，嘉美之也。古人名嘉字子孔。	
字義	1.姓。 2.小洞：針孔。 3.通道：山間有孔道。 4.孔方兄：舊時銅錢，中有方孔，故稱「錢」為「孔方兄」。	

百家姓	寇 kòu	甲骨文
六書屬性	會意字	
文字解形	從「宀」，表示與家室有關。從「元」，從「攴」表示盜匪持械入室侵犯。	
本義	入侵、侵犯。	
說文	暴也。從攴從完。	
字義	1.姓。 2.盜賊：匪寇。 3.侵犯：寇邊。	

百家姓	庫 kù	甲骨文
六書屬性	會意字	
文字解形	從「广」表房屋建築，從「車」表兵車。「庫」表停放武器、戰車的地方。	
本義	兵器庫。	
說文	兵車藏也。從車在廣下。	
字義	1.姓。 2.泛指儲物的建築物。 3.電荷的單位：庫倫。	

百家姓	匡 kuāng	甲骨文
六書屬性	會意字	
文字解形	從「匚」，象筐器之形。「匚」是種裝東西的容器。隸書體現的是裝玉的容器。甲骨文體現的是裝羊肉的食器。	
本義	盛東西的方形器具。	
說文	飲器，筥也。從匚㞷聲。	
字義	1.姓。 2.端正：匡正。 3.通「眶」。即「眼眶」：淚滿眶。	

百家姓	勞 láo	甲骨文
六書屬性	會意字	
文字解形	表夜間用火（火）照明，在室內（宀）勞作（力）。	
本義	努力勞動。	
說文	劇也。從力，熒省。熒，火燒門，用力者勞。	
字義	1。姓。 2。創造價值的活動。 3。費勁、辛勞：勞苦功高。 4。功績。功勞。	

百家姓	雷 léi	甲骨文
六書屬性	會意字	
文字解形	甲骨文、中間象閃電。兩個田字表示雷聲。	
本義	雲層放電時發出的巨大聲響。	
說文	陰陽薄動雨，生物者也。從雨，晶象回轉形。	
字義	1.姓氏。 2.雲層放電時發出的巨大聲響：雷電交加。 3.一類爆炸性的武器：魚雷。	

百家姓	利 lì	甲骨文
六書屬性	會意字	
文字解形	從刀、從禾。表示以刀斷禾，收穫之意。	
本義	收穫。	
說文	銛也。從刀。和然後利，從和省。《易》曰：「利者，義之和也。」	
字義	1.姓。 2.好處，收益。 3.刀口鋒利。 4.順利。	

百家姓	連 lián	甲骨文
六書屬性	會意字	
文字解形	從辵、從車。	
本義	由人拉曳的車。	
說文	員連也。從辵從車。	
字義	1.姓。 2.姻親關係：連襟。 3.相接：接二連三。 4.聯合：連橫之術。	

百家姓	梁 liáng	甲骨文
六書屬性	會意字	
文字解形	表示用刀砍木以造橋過水。	
本義	水橋。	
說文	水橋也。從木從水，刅聲。	
字義	1.姓。 2.古國名。 3.支撐屋頂的橫木：屋樑（梁）。	

百家姓	林 lín	甲骨文
六書屬性	會意字	
文字解形	從二木。表示樹木叢生。	
本義	叢生樹木或竹子的地方。	
說文	平土有叢木曰林。從二木。凡林之屬皆從林。	
字義	1.姓。 2.成片的樹木或竹子：樹林。 3.林立的、眾多的：林林總總。	

百家姓	婁 lóu	甲骨文
六書屬性	會意字	
文字解形	象手捉住女人。即女奴或婢。	
本義	女奴或女婢。	
說文	空也。從母、中、女，空之意也。一曰婁，務也。	
字義	1.姓。 2.二十八宿之一。 3.由物體中空，演化為表示身體虛弱或者瓜果過熟。 4.母豬。 5.小土丘。通「塿」。	

百家姓	魯 lǔ	甲骨文
六書屬性	會意字	
文字解形	象魚在器皿之中。	
本義	魚味佳美。	
說文	鈍詞也。從白，鮺省聲。《論語》曰：「參也魯。」	
字義	1.姓。 2.佳美也。 3.遲鈍、莽撞。 4.古國名。 5.山東省的簡稱。	

百家姓	陸 lù	甲骨文
六書屬性	會意字	
文字解形	從阜表地形逐級高上。從坴象土塊上疊。「坴」兼表讀音。	
本義	高出水平面的地方。	
說文	高平地。從𨸏從坴，坴亦聲。	
字義	1.姓。 2.道路。 3.色彩繁雜：光怪陸離。 4.時斷時續：陸陸續續。 5.陸 liù：數目字「六」的大寫。	

百家姓	羅 luó	甲骨文
六書屬性	會意字	
文字解形	甲骨文，象網中有佳。表示以網捕鳥。	
本義	用絲線結成的網捕鳥。	
說文	以絲罟鳥也。從網從維。古者芒氏初做羅。	
字義	1.姓。 2.招請，搜集：招羅，蒐羅。 3.排列，散佈：星羅棋布。 4.輕軟的絲織品：輕羅小扇撲流螢。 5.一種細密的篩子：絹羅。 6.其他：羅織／羅盤／羅漢等。	

百家姓	麻 má	甲骨文
六書屬性	會意字	
文字解形	從广，從林。广象房舍，林象房舍裡置放的大麻。	
本義	麻類植物的總名。古代專指大麻。可供紡織。	
說文	與𪎈同。人所治，在屋下。從广從𪎈。凡麻之屬皆從麻。	
字義	1.姓。 2.表面粗糙：麻臉。 3.沒有感覺：麻木。 4.喪服：披麻帶孝。 5.疾病的一種。通常由細菌感染，「痲瘋」、「麻疹」等。	

百家姓	孟 mèng	甲骨文
六書屬性	會意字	
文字解形	剛出生的嬰孩沐浴的樣子。	
本義	初生嬰兒。	
說文	長也。從子皿聲。	
字義	1.姓。 2.妾媵生的長子稱「孟」，正妻生的長子稱「伯」。後來「孟」統稱「長子」。 3.兄弟姐妹排行用孟（伯）、仲、叔、季為序，孟是老大。 4.冒失：不可孟浪。	

百家姓	苗 miáo	甲骨文
六書屬性	會意字	
文字解形	從田、從艸。田裡生長的形狀象草的作物。	
本義	未成熟吐穗的莊稼。	
說文	艸生於田者。從艸從田。	
字義	1.姓。 2.泛指初生的動物或植物。 3.形狀像苗的東西。 4.事物發展早期顯露的跡象。	

百家姓	明 míng	甲骨文
六書屬性	會意字	
文字解形	「日、月」會發光以表示明亮。	
本義	清晰明亮。	
說文	照也。從月從囧。凡朙之屬皆從朙。	
字義	1.姓。 2.朝代名。 3.瞭解。 4.顯露在外。 5.下一個：明天。	

百家姓	墨 mò	甲骨文
六書屬性	會意兼形聲字	
文字解形	從土、從黑、黑亦聲。	
本義	書畫所用的黑色顏料，用松煙等原料製成。	
說文	書墨也。從土從黑，黑亦聲。	
字義	1.姓。 2.指詩文或書畫：墨寶。 3.貪污：嚴懲墨吏。 4.古代的刑法之一，在面額上刺字後塗上黑色。也叫「黥」面。 5.戰國時墨翟善於守城，後因之稱善守者為「墨守」。	

百家姓	莫 mò	甲骨文
六書屬性	會意字	
文字解形	象日落於草叢中，表日落時分。「暮」的古字。	
本義	黃昏。	
說文	日且冥也。從日在茻中。	
字義	1.姓。 2.表否定意，相當於「不」。	

百家姓	牟 móu	甲骨文
六書屬性	會意字	
文字解形	從牛，從厶。厶象氣從口出。	
本義	牛叫聲。	
說文	牛鳴也。從牛，象其聲氣從口出。	
字義	1.姓。 2.力求得到：牟求。 3.大麥。 4.通「眸」。	

百家姓	牧 mù	甲骨文
六書屬性	會意字	
文字解形	從牛、從攴。表示手拿棍棒以牧牛。	
本義	放牧牲畜。	
說文	養牛人也。從攴從牛。《詩》曰：「牧人乃夢。」	
字義	1.姓。 2.管理。 3.放養牲口。 4.官名。	

百家姓	年 nián	甲骨文
六書屬性	會意字	
文字解形	甲骨文，上為「禾」，下是「人」。表禾穀成熟，人在負禾。	
本義	五穀成熟。	
說文	無收錄此字。	
字義	1.姓。 2.時間單位。地球繞太陽一周為一年。	

百家姓	乜 niè	甲骨文
六書屬性	會意字	
文字解形	從也省。	
本義	眼睛斜看。	
說文	女陰也象形。	
字義	1.姓（niè）。 2.乜miē：瞇著眼看人。 3.乜miē：因睏倦眼睛眯成一條縫。	

百家姓	聶 niè	甲骨文
六書屬性	會意字	
文字解形	從三耳。	
本義	附耳小語。	
說文	附耳私小語也。從三耳。	
字義	1.姓。 2.附耳小語：聶聶私語。 3.古代地名。 4.假借為「攝」。握持。	

百家姓	甯 nìng	甲骨文
六書屬性	會意字	
文字解形	甯、「寧」本做「寍」。從宀、從心、從皿。表示有吃有住就安心了。	
本義	安寧平安。	
說文	所願也。從用，寧省聲。	
字義	1.姓。 2.安定。 3.南京市的簡稱。	

百家姓	農 nóng	甲骨文
六書屬性	會意字	
文字解形	甲骨文，從手、從辰。辰（甲貝）為務農的工具，表用手勞動務農。	
本義	農耕，耕種。	
說文	無收錄此字。	
字義	1.姓。 2.從事莊稼的人或活動。	

百家姓	歐 ōu	甲骨文
六書屬性	會意字	
文字解形	從欠，張口；區，張口所唱出的歌聲。	
本義	歌唱。	
說文	吐也。從欠區聲。	
字義	1.姓。 2.通「謳」。歌唱。 3.同「驅」：歐牛馬。 4.通「毆」：歐打。 5.通「區」：歐隅（房屋的角落）。	

百家姓	彭 péng	甲骨文
六書屬性	會意字	
文字解形	從壴、從彡。「壴」象鼓形。彡，象鼓發出的聲音。	
本義	鼓聲。	
說文	鼓聲也。從壴彡聲。	
字義	1.姓。 2.鼓聲也。 3.古國名。 4.古水名。	

百家姓	皮 pí	甲骨文
六書屬性	會意字	
文字解形	甲骨文象以手拿器具取獸皮。	
本義	用手剝獸皮。	
說文	剝取獸革者謂之皮。從又，「省」聲。凡皮之屬皆從皮。	
字義	1.姓。 2.獸皮：帶毛叫皮，去毛叫革。 3.泛指動物或植物體表的組織。 4.淘氣：頑皮。	

百家姓	平 píng	甲骨文
六書屬性	會意字	
文字解形	從於、從八。「于」是氣受阻礙而能越過的意思，「八」是分的意思，氣越過而能分散，語氣自然平和舒順。	
本義	語氣平和舒順。	
說文	語平舒也。從亏從八。八，分也。爰禮說。	
字義	1.姓。 2.無高低起伏：平原。 3.使平坦：鏟平。 4.寧靜：平安。	

百家姓	喬 qiáo	甲骨文
六書屬性	會意字	
文字解形	從夭、從高省，高亦聲。夭象人（大）行走的樣子。	
本義	高聳。多用以形容樹木。	
說文	高而曲也。從夭，從高省。《詩》曰：「南有喬木。」	
字義	1.姓。 2.高：喬木（樹幹和分枝有明顯區別的木本植物，如松、柏、柳等）。 3.假、偽：喬妝打扮。 4.喬遷：指遷居或升官。一般用於稱讚別人的客氣話。	

百家姓	秋 qiū	甲骨文
六書屬性	會意字	
文字解形	甲骨文象蟋蟀形。秋天蟋蟀鳴叫，藉以表達「秋天」的概念。	
本義	隸書以「禾」＋「火」表示秋天禾穀紅似火。收成的季節到了。	
說文	莊稼成熟時，指秋天。	
字義	1.姓。 2.古代只有春秋兩季，所以秋也可以表示一年。 3.多事之秋。 4.望穿秋水：秋水指眼睛。 5.秋毫：動物在秋天新換上的絨毛。用以比喻極細微的事物。	

百家姓	瞿 qú	甲骨文
六書屬性	會意字	
文字解形	從隹，短尾鳥的總稱；雙目，象其受驚瞪目而視。	
本義	驚視的樣子。	
說文	鷹隼之視也。從隹從䀠，䀠亦聲。凡瞿之屬皆從瞿。讀若章句之句。	
字義	1.姓。 2.同「戳」：戟一類的兵器。 3.通「衢」：四通八達的大道。 4.瞿聃：佛教和道教的代稱。 5.瞿（jù）：驚視貌。	

百家姓	全 quán	甲骨文
六書屬性	會意字	
文字解形	從入、從玉。貴重之玉必藏周密乃得完美無損。	
本義	完美、完整。	
說文	仝：完也。從入從玉。	
字義	1.姓。 2.完整：完全。 3.保存：保全。	

百家姓	容 rón	甲骨文
六書屬性	會意字	
文字解形	隸書從宀、從谷。「宀」是房屋，「谷」是山窪。兩者都有空虛可盛受物的意思。	
本義	容納。	
說文	盛也。從宀、谷。	
字義	1.姓。 2.表物之中空可容物：容納。 3.表心胸寬大：寬容。	

百家姓	戎 róng	甲骨文
六書屬性	會意字	
文字解形	從戈、從十。「戈」是兵器，「十」是鎧甲的「甲」。古代兵器的總稱。	
本義	古代兵器的總稱。弓、殳、矛、戈、戟為古代五戎。	
說文	無收錄此字。	
字義	1.姓。 2.兵車：夏曰鉤車，殷曰寅車，周曰元戎。 3.軍隊：投筆從戎。 4.戰爭：兵戎相見。 5.我國古時對西部民族的統稱：西戎。	

百家姓	沙 shā	甲骨文
六書屬性	會意字	
文字解形	從水，從少。甲骨文，左邊是水，右邊像細沙之形。水少了就看得見沙。	
本義	極細碎的小石粒。	
說文	水散石也。從水從少。水少沙見。楚東有沙水。	
字義	1.姓。 2.象砂粒顆粒細小的東西。 3.聲音啞。	

百家姓	尚 shàng	甲骨文
六書屬性	會意字	
文字解形	從八、向聲。	
本義	尚且。	
說文	曾也。庶幾也。從八向聲。	
字義	1.姓。 2.注重，提倡：尚武。 3.仍然：時候尚早。	

百家姓	沈 shěn	甲骨文
六書屬性	會意字	
文字解形	從水、從牜。甲骨文中間是牛，周圍是水。表示把牛沉到水中。商朝祭祀用牲的方法。	
本義	沒入水中。	
說文	陵上滈水也。從水冘聲。一曰濁黕也。	
字義	1.姓。 2.沒也：沈沒。 3.冷靜：沈著。 4.深：深沈。	

百家姓	師 shī	甲骨文
六書屬性	會意字	
文字解形	從帀、從阜。阜表示符節（軍權的印信），從帀有包圍意，人眾方能包圍。	
本義	古代軍隊編制的一級。二千五百人為一師。	
說文	二千五百人為師。從帀從阜。阜，四帀，眾意也。	
字義	1.姓。 2.泛指軍隊。 3.執教人員：老師。 4.效法：師法。 5.有某種專門技術的人樂師、會計師。	

百家姓	史 shǐ	甲骨文
六書屬性	會意字	
文字解形	手拿筆記錄發生的事情。	
本義	史官。	
說文	記事者也。從又持中。中，正也。凡史之屬皆從史。	
字義	1.姓。 2.古官名。 3.事物或生命發展的過程。	

百家姓	壽 shòu	甲骨文
六書屬性	會意字	
文字解形	甲骨文象田間灌溉的水渠綿延不絕。以喻人的長久之意。	
本義	長壽。	
說文	久也。從老省，𠷎聲。	
字義	1.姓。 2.生命的長短。 3.出生之日。 4.殮葬用的壽衣。	

百家姓	束 shù	甲骨文
六書屬性	會意字	
文字解形	從口、從木。象用繩索把木柴捆起來。	
本義	捆綁。	
說文	縛也。從口、木。凡束之屬皆從束。	
字義	1.姓。 2.綁：束手無策。 3.控制：約束。 4.量詞：一束鮮花。	

百家姓	雙 shuāng	甲骨文
六書屬性	會意字	
文字解形	隸書，從雔象兩鳥，從又表以手抓住。	
本義	一對。	
說文	隹二枚也。從雔，又持之。	
字義	1.姓。 2.加倍的。	

百家姓	帥 shuài	甲骨文
六書屬性	會意字	
文字解形	從巾、從𠂤。𠂤象節符之形，表帥印。巾為絲綢絹布類高級布料以包裹保存「𠂤」。	
本義	軍隊中最高級的指揮者。	
說文	佩巾也。從巾、𠂤。	
字義	1.姓。 2.軍隊中最高級的指揮者。 3.帶領，率領。	

百家姓	司 si	甲骨文
六書屬性	會意字	
文字解形	甲骨文象一個人用口發佈命令。有統治、管理之意。由「后」字反過來寫，表示追隨帝王後，就會有管理權，有官做。	司
本義	職掌；主管。	
說文	臣司事於外者。從反后。凡司之屬皆從司。	
字義	1.姓。 2.掌管：司法。 3.政府機關名稱。 4.觀察：司日月之長短。	

百家姓	宋 sòng	甲骨文
六書屬性	會意字	
文字解形	從宀、從木。象樹木圍繞的房屋。	
本義	定居。	
說文	居也。從宀從木。讀若送。	
字義	1.姓。 2.古國名。	

百家姓	孫 sūn	甲骨文
六書屬性	會意字	
文字解形	從子、從系。	
本義	1.象用繩索捆綁小孩子，即少年俘虜。 2.象兒子的延續。	
說文	子之子曰孫。從子從系。系，續也。	
字義	1.姓。 2.動植物下一代生命的延續。	

百家姓	索 suǒ	甲骨文
六書屬性	會意字	
文字解形	甲骨文，象於房舍內用手製繩之形。	
本義	大繩子。	
說文	艸有莖葉，可做繩索。從囗、糸。	
字義	1.姓。 2.泛指各種繩索。 3.搜尋：搜索。 4.討取：須索無度。	

百家姓	韋 wéi	甲骨文
六書屬性	會意字	
文字解形	象兩腳巡邏所保衛之地（囗）。	
本義	保衛。	
說文	相背也。從舛囗聲。獸皮之韋，可以束枉戾相韋背，故借以為皮韋。凡韋之屬皆從韋。	
字義	1.姓。 2.去毛熟治的皮革：韋編三絕。	

百家姓	危 wéi	甲骨文
六書屬性	會意字	
文字解形	隸書广象人站在山崖之巔，下面象腿骨形。因站山巔而感畏懼。	
本義	在高處而生畏。	
說文	在高而懼也。從广，自卩止之。凡危之屬皆從危。	
字義	1.姓。 2.恐懼。 3.不安全。 4.損害。 5.端正：正襟危坐。	

百家姓	衛 wèi	甲骨文
六書屬性	會意字	
文字解形	甲骨文中「衛、韋」同字。意為行走防衛之意。	
本義	保衛；防護。	
說文	宿衛也。從韋、帀，從行。行，列衛也。	
字義	1.姓。 2.古國名。 3.〈古〉指驢。	

百家姓	吳 wú	甲骨文
六書屬性	會意字	
文字解形	從口、從矢。矢，象頭的動作。表示晃著頭大聲說話。	
本義	大聲說話，喧嘩。	
說文	姓也。亦郡也。一曰吳，大言也。從矢、口。	
字義	1.姓。 2.古國名／地名。	

百家姓	伍 wǔ	甲骨文
六書屬性	會意字	
文字解形	從人、從五。五人為伍。	
本義	五人組成團隊。	
說文	相參伍也。從人從五。	
字義	1.姓。 2.「五」的大寫。 3.一種軍隊／居民組織，五人／五家為一伍。 4.同夥：羞與為伍。	

百家姓	武 wǔ	甲骨文
六書屬性	會意字	
文字解形	人（止）持戈行進，表示要動武。	
本義	戰爭。	
說文	楚莊王曰：「夫武，定功戢兵。故止戈為武。」	
字義	1.姓。 2.指干戈軍旅之事：德不厚而行武。 3.勇猛：威武。 4.搏鬥：動武。 5.半步：以六尺為步，半步為武。	

百家姓	奚 xī	甲骨文
六書屬性	會意字	
文字解形	上為手，下為被繩索捆著的人。	
本義	奴隸。又專指女奴。	
說文	大腹也。從大，絲省聲。絲省聲，籀文系字。	
字義	1.姓。 2.指女奴隸。 3.諷刺：奚落。 4.大腹便便之意。	

百家姓	習 xí	甲骨文
六書屬性	會意字	
文字解形	從羽、從日。從羽跟鳥飛有關。	
本義	小鳥在太陽底下反覆地練習飛翔的技巧	
說文	數飛也。從羽從白。凡習之屬皆從習。	
字義	1.姓。 2.學習。 3.熟悉：習水性。 4.慣性的行為：習慣。	

百家姓	席 xí	甲骨文
六書屬性	會意字	
文字解形	從巾、庶省。「蓆」的古字。天子諸侯的席有繡紋鑲邊，故從巾。席用來款待眾賓客，故從「庶」省。	
本義	供坐臥舖墊的用具。	
說文	籍也。《禮》：天子、諸侯席，有黼繡純飾。從巾，庶省。	
字義	1.姓。 2.用蘆葦等編成的舖墊的用具：草席。 3.酒筵：酒席。 4.憑藉：席地而坐。 5.席捲：象用席子將其上的東西全部捲走。	

百家姓	咸 xián	甲骨文
六書屬性	會意字	
文字解形	甲骨文。戌是長柄大斧,「口」指人頭。表以大斧砍人頭。	
本義	殺。	
說文	皆也。悉也。從口從戌。戌,悉也。	
字義	1.姓。 2.終了。 3.感應。	

百家姓	相 xiàng	甲骨文
六書屬性	會意字	
文字解形	從木、同目。表以木輔助目之測量。	
本義	仔細測量。	
說文	省視也。從目從木。《易》曰:「地可觀者,莫可觀於木。」《詩》曰:「相鼠有皮。」	
字義	1.姓。 2.終了。 3.感應。	

百家姓	解 xiè	甲骨文
六書屬性	會意字	
文字解形	隸書從刀、從牛、從角。用刀把牛角剖開。	
本義	分解牛隻。	
說文	判也。從刀判牛角。一曰解□，獸也。	
字義	1.姓。 2.解jiě：解體、解釋、解放、解脫。 3.解jiè：押送犯人。 4.解jiè元：明、清科舉相試第一名。	

百家姓	宿 xiù	甲骨文
六書屬性	會意字	
文字解形	甲骨文象人睡在室內草席之上。古人白晝不寢，就寢皆夜時。	
本義	住宿；過夜。	
說文	止也。從宀伯聲。伯，古文夙。	
字義	1.姓。 2.宿sù：有經驗的。 3.宿sù：隔夜的。 4.宿xiǔ夜：住一宿就走。 5.宿xiù：古稱天空星星的集合體叫做「宿」：二十八星宿。	

百家姓	仰 yǎng	甲骨文
六書屬性	會意兼形聲字	
文字解形	從人，從卬，卬亦聲。卬字為兩人相對貌，左邊站著、右邊跪坐仰首而望。	
本義	抬頭仰望。	
說文	舉也。從人從卬。	
字義	1.姓。 2.敬慕：敬仰。	

百家姓	伊 yī	甲骨文
六書屬性	會意字	
文字解形	從人，從尹。尹象手持權杖的。表手持權杖有管理權的人。	
本義	統治者。	
說文	殷聖人阿衡，尹治天下者。從人從尹。	
字義	1.姓。 2.表示第二或第三人稱。	

百家姓	易 yì	甲骨文
六書屬性	會意字	
文字解形	甲骨文象兩杯所盛液體互換。	
本義	交換。	
說文	蜥蝪，蝘蜓，守宮也。象形。《祕書》說：日月為易，象陰陽也。一曰從勿。凡易之屬皆從易。	
字義	1.姓。 2.交換：寒暑易節。 3.改變：改弦易轍。 4.簡單：容易。 5.整治：易田土。	

百家姓	益 yì	甲骨文
六書屬性	會意字	
文字解形	象器皿中水滿漫出。	
本義	水滿漫出。	
說文	饒也。從水、皿。皿，益之意也。	
字義	1.姓。 2.增加：增益。 3.好處：滿招損、謙受益。 4.富裕。 5.副詞：更加。	

百家姓	殷 yin	甲骨文
六書屬性	會意字	
文字解形	從㐆從殳。	
本義	隆重的奏樂。（㐆者，舞之容，殳者，舞之器）	
說文	作樂之盛稱殷。從㐆從殳。《易》曰：「殷薦之上帝。」	
字義	1.姓氏。 2.朝代名。 3.眾多；引申為富足之意：殷實。 4.憂愁的樣子：憂心殷殷。	

百家姓	尹 yǐn	甲骨文
六書屬性	會意字	
文字解形	象手拿權杖，以表示治事。	
本義	治理。	
說文	治也。從又、丿，握事者也。	
字義	1.姓。 2.舊時官名。	

百家姓	印 yìn	甲骨文
六書屬性	會意字	
文字解形	甲骨文。左象手爪，右象跪著的人。表示用手按壓使之跪拜。引伸為具有威權，使人屈服的印信。	
本義	官印。	
說文	執政所持信也。從爪從卪。凡印之屬皆從印。	
字義	1.姓。 2.圖章，戳記。 3.痕跡：烙印。 4.互相證明：印證。	

百家姓	雍 yōng	甲骨文
六書屬性	會意字	
文字解形	甲骨文，從隹表其為鳥，從環表所指的鳥的特徵。	
本義	鳥名。其鳴雍雍。	
說文	無收錄此字。	
字義	1.姓。 2.雍塞。 3.古代掌烹飪的官吏：雍人。 4.和諧：雍容華貴。	

百家姓	有 yǒu	甲骨文
六書屬性	會意字	
文字解形	從「乂」表手。從「月」表肉。手裡有肉為「有」。	
本義	具有，與「無」相對。	
說文	不宜有也。《春秋傳》曰：「日月有食之。」從月又聲。凡有之屬皆從有。	
字義	1.姓。 2.存在：存有。 3.富有。	

百家姓	于 yú	甲骨文
六書屬性	會意字	
文字解形	表示氣出受阻而仍越過。	
本義	超過。	
說文	無收錄此字。	
字義	1.姓。 2.往；去：之子於歸，宜其室家。 3.取：晝爾于茅。 5.好象：介于石，不終日，貞吉。 6.用於表示動作的場所、時間和對象。	

百家姓	俞 yú	甲骨文
六書屬性	會意字	
文字解形	從亼、從舟、從刂。刂，水流也。	
本義	表順流而行。	
說文	空中木為舟也。從亼從舟從〈〈。〈〈，水也。	
字義	1.姓。 2.應答：俞允（允諾。多用於君主)。 3.安定。 4.愉快。	

百家姓	鬱 yù	甲骨文
六書屬性	會意字	
文字解形	象林木叢生。	
本義	林木叢生。	
說文	木叢生者。從林，鬱省聲。	
字義	1.姓。 2.茂盛。 3.積鬱、憂愁。 4.形容香氣。	

百家姓	元 yuán	甲骨文
六書屬性	會意字	
文字解形	從二、從儿。下面儿表形。上面兩橫指明頭的部位。	
本義	頭。	
說文	始也。從一從兀。	
字義	1.姓。 2.朝代名。 3.開始：一元復始。 4.基本：元素。 5.貨幣名。	

百家姓	岳 yuè	甲骨文
六書屬性	會意字	
文字解形	從山、從丘。甲骨文，象兩座高大的山峰形。表示高山大嶺。	
本義	高大的山。	
說文	東，岱；南，靃；西，華；北，恆；中，泰室。王者之所以巡狩所至。從山獄聲。	
字義	1.姓。 2.高大的山：五岳。 3.妻的父母或叔伯：岳父大人。	

百家姓	宰 zǎi	甲骨文
六書屬性	會意字	
文字解形	從宀、從辛。「宀」表與家室有關的屋子。「辛」表奴隸罪人。	
本義	家奴中地位較高者，負責管理其他奴隸。	
說文	辠人在屋下執事者。從宀從辛。辛，辠也。	
字義	1.姓。 2.古代官吏的通稱。 3.主管：主宰。 4.宰殺。	

百家姓	章 zhāng	甲骨文
六書屬性	會意字	
文字解形	從音、十。「音」指音樂。「十」是一到十的末位數，表終了。	
本義	音樂的一個段落。	
說文	樂竟為一章。從音從十。十，數之終也。	
字義	1.姓。 2.給皇帝的奏本：奏章。 3.規程：章程。 4.印鑑：印章。 5.花紋：黑質而白章。	

百家姓	仲 zhòng	甲骨文
六書屬性	會意兼形聲字	
文字解形	隸書從人、從中。中亦聲。甲骨文「中」、「仲」同形。	
本義	位居或排行中間。	
說文	中也。從人從中，中亦聲。	
字義	1.姓。 2.兄弟排行第二：伯、仲、叔、季。 3.中間人：仲裁或仲介。	

百家姓	支 zhī	甲骨文
六書屬性	會意字	
文字解形	上面十字形為「竹」子，下面表示手（又)。	
本義	竹枝。	
說文	去竹之枝也。從手持半竹。凡支之屬皆從支。	
字義	1.姓。 2.竹枝條。 3.從幹而出的分支。 4.支持、支援、支撐、支使。	

百家姓	祝 zhù	甲骨文
六書屬性	會意字	
文字解形	甲骨文，象一個人跪在神前膜拜、開口祈福。	
本義	祭祀時主持祝禱的人；廟祝。	
說文	祭主贊詞者。從示從人口。一曰從兌省。《易》曰：「兌為口為巫。」。	
字義	1.姓。 2.美好的願望：祝你幸福。 3.剪斷：祝髮為尼。	

百家姓	莊 zhuāng	甲骨文
六書屬性	會意字（兼形聲字）	
文字解形	從艸、從壯、壯亦聲。	
本義	草大。	
說文	上諱。	
字義	1.姓。 2.謹嚴持重：莊重嚴肅。 3.村子。 4.農作物。	

百家姓	宗 zōng	甲骨文
六書屬性	會意字	
文字解形	從宀、示。示表祭祖的神案；宀表房屋。在室內對祖先進行祭祀。	
本義	宗廟，祖廟。	
說文	尊祖廟也。從宀從示。	
字義	1.姓。 2.祖先：祖宗。 3.家族：宗族。 4.主旨：宗旨。 5.派別：宗派。	

第九章

六書百家姓
轉注與假借

百家姓	何 hé	甲骨文
六書屬性	假借字	
文字解形	以肩扛物；後假借為疑問詞。	
本義	以肩扛物。	
說文	儋也。從人可聲。	
字義	1.姓。 2.疑問詞。 3.「荷」的原字。	

百家姓	秦 qín	甲骨文
六書屬性	假借字	
文字解形	象手舂穀禾。假借為專有名詞。	
本義	手舂穀禾。	
說文	伯益之後所封國。地宜禾。從禾，舂省。一曰秦，禾名。	
字義	1.姓。 2.朝代名。 3.陝西省的簡稱	

百家姓	施 shī	甲骨文
六書屬性	假借字	
文字解形	從㫃、也聲。本指旗幟;後假借為「給予」。	
本義	旗幟。	
說文	旗皃。從㫃也聲。亝欒施字子旗,知施者旗也。	
字義	1.姓。 2.旗飄動。 3.展示。 4.施捨;給予。	

百家姓	於 yū	甲骨文
六書屬性	假借字	
文字解形	於本為烏的象形。但後來借用做介詞。	
本義	烏鴉。	
說文	無收錄此字。	
字義	1.姓。 2.於wū:「烏」的古字。烏鴉。 3.於wū:於乎。 4.於yú:介詞。	

百家姓	百里 bǎi lǐ	甲骨文
姓氏來源	春秋時，有個人名叫奚，因住在百里鄉（在今山西省境內），又稱百里奚，他是周太王古公亶父的後裔。他在虞國任大夫，後來虞國被晉國所滅，百里奚成了奴隸。後來因緣際會秦穆公聽說百里奚是個有才幹的人，遂用重金替百里奚贖身，並重用之。百里奚的後代就以他的名字命姓，稱百里氏。	

百家姓	單于 Chán yú	甲骨文
姓氏來源	這個姓出現於五代時國的後周。匈奴族的最高首領稱為「撐犁孤塗單于」，簡稱為單於，他們的後代中有以「單於」為姓氏的，稱單于氏。 匈奴語中的「撐犁」意為「天」，「孤塗」意為「子」，「單于」意為「廣大」。一個有這麼偉大意義名字，其後代子孫就以單於為姓，稱為單于氏。	

百家姓	淳于 Chún yú	甲骨文
姓氏來源	周武王滅商後，把原夏朝斟灌國姜姓的淳於公封在「州邑」（今山東省安丘縣），建立州國，稱為州公。春秋時的州公實，亡國於杞，州國公族定居於「淳於」城（今安丘縣東北），後來復國，名淳于國，為春秋時期的小國之一。亡國後，其族人以原國名命姓，稱淳于氏。	

百家姓	東門 dōn mén	甲骨文
姓氏來源	春秋時期的魯莊公有個兒子，名叫「遂」，因為住在都城的東門，所以人們都叫他東門遂。他的子孫裡有個叫「歸父」的因與魯宣公合謀欲剷除當時專權的「三桓」。結果謀事未成，宣公病逝，「三桓」盡逐東門遂一族，公孫歸父帶族人逃往齊國，他的子孫就以東門為姓，成為東門氏。	

百家姓	東方 Dōng fāng	甲骨文
姓氏來源	東方有兩個姓源： 1、相傳遠古時伏羲創制了八卦，八卦方位以東方為尊，伏羲又叫神農氏，他教導族人農耕。農耕在太陽剛東方升起的時候就開始。其後人就有以「東方」為氏者。 2、出於漢朝東方朔。東方朔父親張夷，在他出生前就死了，出生後三天又喪母。他是由他的兄嫂一手拉拔長大。因為他出生時東方天剛亮，所以取名叫「東方朔」。東方朔官拜太中大夫，他生性幽默，能言敢諫，其後代以「東方」為氏以誌之。	 東 方

百家姓	東郭 Dong guo	甲骨文
姓氏來源	周初，姜子牙因興周滅商功勞很大，被封於齊國，建都營丘。為了加強都城的安全，太公分配公族子弟居住在外城門四周，以起戍衛的功能。外城稱為郭，所以住在東門外城的稱東郭，後人有以此為姓者，稱為東郭氏。	

百家姓	端木 Duān mù	甲骨文
姓氏來源	黃帝的後裔有個叫鬻熊的，在周文王、武王任官。他有兩個兒子，長子熊麗，次子端木。端木生子名典，典用他父親的名為姓，叫端木典，這就是以端木為姓氏的開始。孔子的弟子有位叫端木賜的，字子貢。其為人極富智謀，善於經商，曾憑一張利嘴，保全魯國於危難之中，被稱為千古第一說客。	

百家姓	段干 Duàn gān	甲骨文
姓氏來源	春秋時道家鼻祖老子之有子李宗，出任魏國大將，因功先後被封地「段」，「干」（今山西省境內）兩地，他的子孫遂以段干做為姓氏，稱段干氏。	

百家姓	公良 Gōng liáng	甲骨文
姓氏來源	周初，周武王分封唐堯聖帝的後裔胡功媯滿為陳侯，建立陳國。陳侯有個兒子名叫良。由於他是諸侯之子所以人們稱他為公子良。他的後人即以「公良」二字做為姓氏，稱公良氏。	

百家姓	公孫 Gōng sūn	甲骨文
姓氏來源	公孫源出有二： 1、黃帝軒轅初名公孫，後改姬姓。他的後代裡，有部分還是保留公孫的姓氏，稱公孫氏。 2、春秋時，各國諸侯大多以「公」自稱。周的嫡長子繼承制度，王室裡除了太子以外的王子都稱公子。諸侯的兒子也稱公子，而公子的兒子就是公孫。這些公孫們的後代為表彰自己曾有過的王室血統，就以公孫為姓。	

百家姓	公西 gōng xī	甲骨文
姓氏來源	出自春秋時魯國權高名重的季孫氏，公西氏是魯國的一個貴族，算起來與周王室同宗。在孔子的眾多門徒中，不少姓公西的，其中公西赤是名氣最大、也最有成就的一個，也是孔子相當看重的弟子之一。公西氏家族鼎盛於魯，是現在山東境內的一大名門。	

百家姓	公羊 Gōng yáng	甲骨文
姓氏來源	春秋時，魯國出了一位才學出眾的人物，姓姬叫做公孫羊孺，他曾做過子夏的門生。他的後代子孫取其稱謂的二字「公羊」為姓，稱公羊氏。	

百家姓	公冶 Gōng yě	甲骨文
姓氏來源	出自姬姓，為季氏的後代，以祖字為氏。春秋時魯國季孫有個叫季冶的人，他的字叫「公冶」，官拜大夫，後來他的子孫便以公冶為氏。	

百家姓	穀梁 Gǔ liáng	甲骨文
姓氏來源	孔子以「春秋」一字定褒貶，讓亂世中的昏君賊子知所警惕。其中「穀梁傳」作者為穀梁赤，他名赤居於穀梁城遂被稱為穀梁赤。 穀梁赤以他的居住地穀梁而得名，他的子孫又以他的名命姓，遂稱「穀梁」氏。	

百家姓	赫連 Hè lián	甲骨文
姓氏來源	赫連出自約五世紀時南北朝的少數民族姓氏，來源有二： 1、匈奴人劉元海之族，篡位自稱天王，以赫連為氏，以顯帝王是天之子，是顯赫的徽記，天地相連的樞紐，永享天下。 2、匈奴人赫連勃勃建立夏國後，自稱雲赫連天，遂以赫連為氏。	

百家姓	呼延 hū yán	甲骨文
姓氏來源	古代匈奴族呼衍部落，以部落名為姓，後稱呼衍氏，為匈奴族四大姓之一。魏晉南北朝時期，呼衍部落進入中原，漢化後稱為呼延氏。	

百家姓	皇甫 Huáng fǔ	甲骨文
姓氏來源	皇甫姓源有二： 1、出自西周，以官名為氏。西周太師（高級武官）皇甫的後代以「皇甫」為姓，稱皇甫氏。 2、出自子姓，是春秋時宋國公族的後代，為皇父氏所改。漢朝時皇父鸞改「父」為「甫」。遂稱「皇甫」氏。古代「父」與「甫」同音通用。	

百家姓	夾谷 Jā gǔ	甲骨文
姓氏來源	魏晉南北朝時代，北方的游牧民族因仰慕中原文化與土地之富饒，紛紛遷居中原，建立政權。其中女真加古部，因語音訛為夾谷，漢化後就以「夾谷」為其姓氏。	

百家姓	令狐 Líng hú	甲骨文
姓氏來源	周文王後裔畢萬春秋時，在晉國官拜大夫。他有一個曾孫叫魏顆。由於與秦國打戰立了戰功，受晉國君主封於令狐（今山西省境內）。魏顆的後代，享用令狐的物產，其子魏頡以封地為姓，稱令狐氏。	

百家姓	萬俟 Mò qí	甲骨文
姓氏來源	出自鮮卑族拓跋氏。萬俟本來是鮮卑族的部落名稱，西元386年拓拔珪創建北魏朝稱為道武帝。萬俟部落隨拓拔氏進入中原，後來就以部落名稱做為姓氏。	

百家姓	慕容 Mù rón	甲骨文
姓氏來源	出自鮮卑部族首領高辛氏，其子居東北夷，後來又遷徙至遼西，號鮮卑，因為自謂慕二儀天地之德，繼三光日、月、星之容，遂以慕容為氏。	

百家姓	南宮 Nán gōng	甲骨文
姓氏來源	南宮得姓始祖為南宮括，歷史上的南宮括有二： 1、周文王部屬南宮括：南宮括是周朝賢士，他是助周滅紂的功臣之一。其後代子孫以南宮為姓氏，稱南宮氏。 2、孔子的弟子南宮括：魯國貴族孟僖子的兒子，本來叫做仲孫閱，由於居住於南宮，後來就以南宮為姓氏。	

百家姓	南門 Nán mén	甲骨文
姓氏來源	商湯初年有七大夫輔政，其中有一個叫南門蠕，是守南門之官，掌城門鑰匙，他的執掌維繫著京城的安危。成湯見其很有才能，於是提拔他入朝為官。他的後世子孫就以「南門」為姓氏傳下來。	

百家姓	歐陽 ōu yán	甲骨文
姓氏來源	春秋時代「臥薪嚐膽」的越王勾踐復國後封次子蹄於烏程歐餘山之陽,稱為歐陽亭侯。戰國時期越王無疆亡國於楚。亡國後,蹄的後代子孫遂為以歐陽為氏。據考歐餘山約在今浙江省吳興縣東方。	

百家姓	濮陽 Pú yáng	甲骨文
姓氏來源	出自姬姓,顓頊的後代以地名為氏。濮陽,顧名思義即濮水之陽(南岸),在今河南省濮陽縣。濮陽自古以來就是一處豐饒的地方。黃帝的孫子顓頊做部落首領時,曾在這兒建都;其後有以地名命姓者,遂世代姓「濮陽」。	

百家姓	漆雕 Qī diāo	甲骨文
姓氏來源	周文王的伯父泰伯所傳下來，有一支吳姓的後裔。漆雕這個姓氏就是由這一個支脈衍生出來的。 孔子弟子中有個叫漆雕開的。他比孔子小十一歲，但對於孔子的尊敬，不輸給任何一位弟子。他很有學識，也很得孔子的讚賞，孔子本欲派他出去當官以宣揚自己的治國理念，但漆雕開以自己無法隨波逐流而婉拒了。孔子並沒有因此責怪他反而對他讚譽有加。	

百家姓	亓官 qí guān	甲骨文
姓氏來源	是春秋戰國時期的官職名稱，專門掌管笄禮的官，「亓與笄同」。在古代禮儀中，當人年齡至十五歲（又說是二十歲）時，在頭髮上插「笄」，做為由少年正式轉為成年人的象徵。這是每個人一生中很重要的儀式之一。春秋戰國時期，每個諸候國都設有這個官職。亓官複姓就是這種官的後代為紀念先人而產生的，稱亓官氏。	

百家姓	壤駟 rang sì	甲骨文
姓氏來源	壤駟姓的開山鼻祖是孔子弟子壤駟赤，在《孔子家語》有孔子弟子名叫壤駟赤善於讀書的記載。壤駟赤是孔子弟子裡的七十二賢人之一。他的後人就以祖上之名命姓，叫壤駟氏。	

百家姓	上官 Shàng guān	甲骨文
姓氏來源	春秋時楚國楚莊王少子子蘭被封為「上官」城邑的大夫一職，他的後代就以「城邑」的名稱為氏。上官邑約在今河南省滑縣東南一代。	

百家姓	申屠 Shēn tú	甲骨文
姓氏來源	周武王滅商立周後大行封建，有賢人伯夷後裔被封為申侯，當時的封地在今河南省境內。西周末年，申侯因擁立周平王有功，其子被封在屠原（今陝西省境內）。居於屠原的申姓人家，就以申屠為姓，稱申屠氏。	

百家姓	司空 Sī kōng	甲骨文
姓氏來源	司空姓源有二： 1、堯為部落首領時，禹官曾任「司空」，其後代子孫有的以職官命姓，稱司空氏。 2、春秋時期，晉國設置有「司空」官職。堯的後代隰叔及其孫，曾在晉國任過司空一職，其後代子孫遂以祖上職官命姓，稱司空氏。	

百家姓	司寇 Sī kòu	甲骨文
姓氏來源	周武王時任命一位叫蘇忿生為司寇，政績不錯，名聲很好。司寇相當於後來的刑部尚書，是朝廷中掌握生殺大權的重要官職。他的子孫後代遂以祖上官職名稱命姓，稱司寇氏。	

百家姓	司馬 sī mǎ	甲骨文
姓氏來源	源於西周，以官職為姓。上古時有個人叫重黎，為司掌天地之官。西周設置司馬、司徒、司空並稱「三有司」。宣王時，重黎的後代程伯休父，官至司馬，執掌國家軍隊，佐政輔國，權勢重大，立有戰功，周王室讓他以官職為姓，其後遂成司馬氏。	

百家姓	司徒 Sī tú	甲骨文
姓氏來源	堯帝為部落首領時，舜曾擔任堯的司徒官，執掌和管理土地有關事務，故又名土司。舜的後代子孫有的以其職官命姓，稱司徒氏。	

百家姓	太叔 Tài shū	甲骨文
姓氏來源	太叔姓源有二： 1、春秋時，衛國國君衛文公姬毀的第三個兒子叫姬儀。古代兄弟以伯、仲、叔、季為次排序，姬儀排行老三，所以人稱叔儀，又因為他是王族之後，故加「太」以為尊，號曰「太叔儀」。他的後代子孫以「太叔」為姓。 2、春秋時，鄭莊公的弟弟段，被封於京，世稱京城太叔，其後代子孫遂以祖先封號命姓，稱「太叔」。	

百家姓	澹台 Tán tái	甲骨文
姓氏來源	以地為名。春秋時有位魯國孔子的弟子名滅明，字子羽，原居澹台山（今山東省境內），後南遷長江流域，又居於澹台湖（今江蘇省境內）；遂取名澹台滅明。其後代子孫遂以澹台命姓，稱澹台氏。	

百家姓	拓跋 Tuò bá	甲骨文
姓氏來源	源自於中國北方的鮮卑族拓跋部，為黃帝的後裔。相傳黃帝娶嫘祖為妻，其孫悃被封在北土（即今中國北方）。黃帝以五行土德稱王。鮮卑語稱「土」為「拓」，謂「後」為「跋」，所以「拓跋」意即黃帝的後代。	

百家姓	聞人 Wén rén	甲骨文
姓氏來源	春秋末葉魯國（今山東省境內）有位博學多識，很有名氣的學者「少正卯」。他聚眾講學，遠近聞名，被譽為「聞人」。他的後代子孫為紀念他，遂以「聞人」為氏。後來也有部分後人，將「聞人」複姓改為單姓「聞」。	

百家姓	夏侯 Xià hóu	甲骨文
姓氏來源	出自姒姓，以爵號為氏。西周武王姬發封夏禹的後裔東樓公於杞，春秋時建立杞國。東周定王二十四年（西元前445年）楚國滅杞，杞簡公的弟弟佗投靠魯國，魯悼公因為他是夏禹的後代，周初祖先又曾封有「侯」的爵位，於是稱他為「夏侯」氏，其後代子孫即以夏侯為氏。	

百家姓	軒轅 xuān yuán	甲骨文
姓氏來源	1、黃帝曾居於軒轅之丘（今河南省境內)，故而得姓軒轅，黃帝的後代子孫遂稱軒轅氏。 2、一說黃帝做軒冕之服，故謂軒轅。	

百家姓	宇文 Yǔ wén	甲骨文
姓氏來源	宇文姓起源於遼東，為南單於之後。魏晉時，北方鮮卑族有宇文氏部落，從祖先葛烏菟起世襲為鮮卑君長。後來普回大人，在打獵時撿到一顆玉璽，上面刻著「皇帝璽」三字，他自以為這是天授神權的信物，於是號稱宇文氏。鮮卑語稱天為「宇」，呼君為「文」，也就是「天子」之意。東晉時，宇文氏進佔中原，建立北周，以宇文為姓，稱宇文氏。	

百家姓	尉遲 Yù chí	甲骨文
姓氏來源	南北朝時北方鮮卑族有部落名尉遲，後來尉遲部隨北魏孝文帝進入中原，被命以族名尉遲為姓，稱「尉遲」氏。	

百家姓	樂正 yuè zhèng	甲骨文
姓氏來源	周時設有叫樂正的官職。其中還分為大樂正與小樂正。大樂正等於現在的教育部長，而小樂正則主管樂師與樂器等事宜。樂正這個官職是很受皇帝重視的。後來樂正的後人，即以祖先的官職命姓，遂稱樂正氏。	

百家姓	宰父 zǎi fù	甲骨文
姓氏來源	在《周禮》天官中，有官名叫宰夫，掌管治理國家朝庭的法令，以約束王及三公、六卿、大夫、各個官吏的行為。公卿官吏的職位升降及平時的考核都由宰夫來管。	
	由於古代「夫」，「父」二同音義近，後來「宰夫」也被稱為「宰父」。宰父官的後代，就用祖先的職官名稱來命姓，稱宰父氏。	

百家姓	長孫 Zhǎng sūn	甲骨文
姓氏來源	長孫姓源有二： 1、出自北魏皇室沙莫雄，為拓跋氏所改。魏道武帝拓跋珪長子沙莫雄在拓拔珪稱帝後及命其子嵩為長孫氏。	
	2、《漢書‧藝文志》上記載有長孫順，認為在北魏之前就已有長孫氏。	

百家姓	仲孫 Zhòng sūn	甲骨文
姓氏來源	春秋時魯桓公姬允次子名叫慶父，因排行老二，故世稱共仲。他的子孫遂以仲孫為姓，稱仲孫氏。	中 弔

百家姓	諸葛 Zhū gě	甲骨文
姓氏來源	「諸葛」氏的來源有兩個不同時間點說法： 1、夏朝時：相傳伯夷的後裔葛伯的封國被滅後，原居於琅邪郡諸縣（今山東省境內）的葛氏有一分支遷徙至陽都，因陽都已有葛姓，於是稱呼後遷至的葛姓為諸縣的葛氏，簡稱「諸葛」氏。 2、西漢初：秦末陳勝、吳廣起義時，大將葛嬰屢立戰功，卻因讒言被殺。西漢文帝追封其子孫為諸縣侯，其後代即以諸葛為氏。	葛

百家姓	顓孫 Zhuān sūn	甲骨文
姓氏來源	顓孫氏是春秋時代的陳國公族的後裔。上古聖王虞舜媯姓的後裔名顓孫，從陳國到晉國去做任官，其後世子孫以先祖的名字命姓，而有了顓孫氏。 當時的陳國在今河南省的淮陽一帶。顓孫氏跟我們所熟悉的三皇五帝裡的顓頊帝高陽氏是沒有血緣關係的。	

百家姓	子車 Zǐ jū	甲骨文
姓氏來源	春秋時，秦國奄息、仲行、針虎三人皆博學多識，素有賢名聞於當時。因為他們住在子車，所以被稱為「子車三良」。當時的執政者秦穆公，聽聞他們的賢名，就把他們請進宮任為大夫之職。秦穆公去世，就把他們三位一起陪葬。「子車三良」的子孫為了緬懷祖德就以子車為姓，稱子車氏。	

百家姓	宗政 Zōng zhèng	甲骨文
姓氏來源	以官名為姓。漢高祖劉邦的後代楚元王劉交，他的孫子叫劉德，官至宗正，負責皇家宮室事務，為九卿之一。劉德的子孫有以祖上官職名命姓者，稱宗正氏，後來加文而為宗政氏。宗政姓族人今大多已併入宗姓。	

　　地球的生命自從36億年前產生開始，生命的遺傳信息就沒有中斷
過。中國文字自從在「倉頡」時代被發明開始，隨著文化的轉變，文
字承載著歷代給它的意義也不曾間斷。

　　目前我們所知道最古老的中國文字是發現於殷商遺址約3300多年
前的甲骨文。顧名思義，甲骨文就是刻在龜甲或牛骨上的文字。這些
文字大多是起著記錄當時占卜過程及結果的作用。甲骨文的特徵是圖
畫意味很濃，而且字形尚未完全定型。單體字可正可反，複體字可左
可右，同一個字也會有好幾種不同的寫法。

　　到了約西元前11世紀的周朝，由於青銅技術的發達，青銅器廣
泛的應用做成鐘、鼎等禮器。隨之而來的是出現了很多鑄刻在青銅器
上的文字。我們叫他「金文」或「鐘鼎文」。比起甲骨文，金文就顯
得比較美觀，也比較有規範。約西元前八世紀的春秋戰國時代，學術
上百家爭鳴，政治上群雄並起稱國，文字也隨著國情的不同而各有不
同的發展。當時流行於秦國的文字被稱為「籀文」或叫「大篆」，秦
始皇於西元前221年，消滅六國統一天下後，即接受大臣「李斯」的
建議，執行「書同文」的政策。廢除了不同於當時「大篆」的文字，
並在「大篆」的基礎下對其修改成為「小篆」，頒行全國。「小篆」
的「小」字就是簡化的意思，也就是簡化了當時很類似於「金文」的
「籀文」而成為「小篆」。

　　「小篆」雖說已被簡化，但由於其字體粗細一樣，圓曲彎轉的

線條不便於書寫，於是民間或在徒隸間就流行起一種更便於書寫的字體。由於此字體多為由「徒隸」書寫，所以也被叫做「隸書」。

傳說當時有個叫「程邈」的人，因罪入獄，一關就是十年。在獄中閒著也是閒著，於是就把「隸字」整理成冊獻給始皇，始皇大悅，就赦免了程邈的罪。秦朝雖然「小篆」與「隸書」並用，但是官方還是以使用「小篆」為主。到了漢朝，隸書才真正的取代了小篆，成為正式的書寫字體。這個時候的隸書被稱為「漢隸」。「漢隸」雖也稱「隸」，但是跟「秦隸」還是有不同之處。「秦隸」講求簡易，而「漢隸」作為一種正式的字體，更講究其美觀與工整。文字從「小篆」到「隸書」的過程，叫做「隸變」。自此到目前使用的繁體中文，文字結構都大同小異。也就是說中國文字到了「漢隸」算是大致定型，之後的「行書」或「楷書」大體不離「隸書」的結構，只是在筆劃特徵上略有調整。所以「隸書」可謂是今古文字的分水嶺。

「姓名」是以「文字」來表達，文字也隨著政治社會的演變而演化。隨著歷史長河不停的向前推動，文字的能量也在時間中不斷的累積不曾間斷。就像人類有DNA的遺傳基因，中國文字也有它轉變的脈絡。對文字的演化與不同時代的代表意義有所瞭解，可以讓我們在審斷「姓名」所表彰意義時，有更深及更廣的視野。

正如在本書前言部分開宗明義介紹的兩本書所言，《圖象姓名學》最主要的著書目的還是在於強調「用字」而不是被「文字」所用的重要。筆者有個朋友叫「莉莉」，「人格」與「地格」使用同一個文字。這種命名方式也是《圖象姓名學》的學理上所不建議的。

1、「莉莉」裡面有「雙刀」，雖然因為有「雙禾」帶有食祿，可以用「雙刀」收割「雙禾」，表命主物質上容易有所收穫。但「雙

刀」的壓力與殺傷力還是在，像是有人把兩把刀架在自己身上，就算有了收穫也有被奪走的顧慮，自己卻享受不到收穫的喜悅。

2、「莉莉」裡面有「雙艸」，「艸」部首在姓名裡存在一個尚屬OK，有兩個就有蔓延無節制之象。房屋被藤蔓覆蓋而沒有修剪，會因影響採光進而影響屋主運程。人如果被藤蔓覆蓋而無所節制，就容易被雜事纏身。即使事情不找你，你也會找一堆雜事在身上。

「莉莉」因為有客觀條件與主觀認知的阻礙，要他改名字暫時不可行。於是我嘗試讓她瞭解如何使用現有的資源，讓她知道她可以用的能量在哪，要如何發揮它。希望透過這種方式對她有所幫助。所謂「疾風知勁草」，小草的生命力是最頑強的。即使在熊熊的烈火肆虐之後，明春來時它還是春風吹又生。所以用「艸」部首的名字的命主，就要學習小草不屈不撓的精神，有再多的辛苦咬個牙就過去了。「莉莉」聽了筆者的話，突然眼睛一亮，彷彿找到了自己可以憑藉的能量。

本書的案例一直都試圖在強調一件事，這也是本書的立書目的所在，「文字」是要主動去使用它，就像前言所說的「觀想板」，而不是被文字的能量牽著鼻子走。所謂「天生我才必有用」，你是什麼才又可以怎麼用，想要瞭解這個問題，認識自己的名字無疑是個很有效率的方法。也唯有認識文字才能善用文字的正向能量，並且小心的應付它可能帶來的負面能量之傷害。

目前已經發現的甲骨文字約有4000多個，而字義經公認無爭議的約1000多個。本書使用的文字本義，多為參考現行字典常見的通解，參雜筆者個人的意見，所以不一定是正解。有興趣要深入研究的讀

者，要有自發閱讀的習慣，經過旁徵博引後得出自己的正解。畢竟，盡信書不如無書。

　　另外，本書採用的甲骨文字型出自「德天甲骨文字庫」，很多字是為了字庫的完整性，參照隸書的結構編出的，不一定是原始的甲骨字型。這種方法雖然無法在學術上沒有爭議，但在對字的理解上還是很有參考價值。

　　最後，要感謝所有教導過我的老師與在寫書編書過程中給過我協助的朋友，還有很重要的是知青頻道出版社的幫忙，讓這本書有面世的機會。

附錄一：漢語拼音與注音符號對照表

注音	漢語	注音	漢語
ㄅ	b	ㄘ	c
ㄆ	p	ㄙ	S
ㄇ	m	ㄚ	a
ㄈ	f	ㄛ	o
ㄉ	d	ㄜ	e
ㄊ	t	ㄝ	e
ㄋ	n	ㄞ	ai
ㄌ	l	ㄟ	ei
ㄍ	g	ㄠ	ao
ㄎ	k	ㄡ	ou
ㄏ	h	ㄢ	an
ㄐ	j	ㄣ	en
ㄑ	q	ㄤ	ang
ㄒ	x	ㄥ	eng
ㄓ	zh	ㄦ	er
ㄔ	ch	ㄧ	yi
ㄕ	sh	ㄨ	wu
ㄖ	r	ㄩ	yu
ㄗ	z		

附錄二：姓氏索引

百家姓	音標	頁數	百家姓	音標	頁數
巴	ba	99	齊	qí	115
白	bái	99	丘	qiū	116
貝	bèi	100	曲	qū	116
卜	bǔ	100	冉	rǎn	117
巢	cháo	101	桑	sāng	117
刁	diāo	101	山	shān	118
丁	dīn	102	單	shàn	118
豐	fēng	102	申	shēn	119
方	fāng	103	石	shí	119
干	gān	103	殳	shū	120
高	gāo	104	水	shuǐ	120
戈	gē	104	田	tián	121
宮	gōng	105	萬	wàn	121
弓	gōng	105	王	wáng	122
勾	gōu	106	文	wén	122
關	guān	106	巫	wū	123
谷	gǔ	107	烏	wū	123
侯	hóu	107	毋	wú	124
黃	huáng	108	夏	xià	124
井	jǐng	108	向	xiàng	125
居	jū	109	辛	xīn	125
車	jū	109	幸	xìng	126

百家姓	音標	頁數	百家姓	音標	頁數
康	kāng	110	須	xū	126
亢	kàng	110	燕	yān	127
孔	kǒng	260	羊	yáng	127
夔	kuí	111	魚	yú	128
樂	lè	111	禹	yǔ	128
龍	lóng	112	雲	yún	129
呂	lǚ	112	曾	zēng	129
馬	mǎ	113	翟	zhái	130
毛	máo	113	兆	zhào	130
米	mǐ	114	周	zhōu	131
能	nén	114	左	zuǒ	131
牛	niú	115	朱	zhū	132
艾	ài	134	閔	mǐn	188
愛	ài	242	慕	mù	189
鮑	bào	134	穆	mù	189
邊	biān	135	那	nā	190
邴	bǐng	135	鈕	niǔ	191
伯	bó	136	潘	pān	190
柏	bò	136	龐	pán	191
蔡	cài	137	裴	péi	192
蒼	cāng	137	蓬	péng	192
岑	cén	138	濮	pú	192
柴	chái	138	蒲	pú	193
常	cháng	139	浦	pǔ	193

百家姓	音標	頁數	百家姓	音標	頁數
程	chén	139	溥	pǔ	193
陳	chén	140	戚	qī	194
池	chí	140	祁	qí	194
楚	chǔ	141	錢	qián	195
儲	chǔ	141	強	qiáng	195
崔	cuī	142	譙	qiáo	196
逮	dài	142	欽	qīn	196
戴	dài	143	琴	qín	197
笪	dàn	143	邱	qiū	197
黨	dǎng	144	仇	qiú	197
鄧	dèng	144	裘	qiú	198
狄	dí	144	屈	qū	198
董	dǒng	145	璩	qú	199
都	dōu	145	權	quán	199
竇	dòu	146	卻	què	199
督	dū	146	饒	ráo	200
堵	dǔ	147	任	rén	200
杜	dù	147	融	róng	201
段	duàn	148	榮	róng	201
鄂	è	148	茹	rú	202
樊	fán	149	汝	rǔ	202
范	fàn	149	阮	ruǎn	202
房	fáng	150	芮	ruì	203
費	fèi	150			

百家姓	音標	頁數	百家姓	音標	頁數
酆	fēng	151	商	shāng	203
馮	féng	151	賞	shǎng	204
鳳	fèng	152	韶	sháo	204
扶	fú	152	邵	shào	204
符	fú	153	佘	shé	205
富	fù	153	慎	shèn	205
傅	fù	154	盛	shèng	205
郜	gào	154	舒	shū	206
葛	gě	154	松	sōng	206
耿	gěng	155	蘇	sū	206
龔	gōng	155	邰	tái	207
鞏	gǒng	156	譚	tán	207
貢	gòng	156	談	tán	208
緱	gōu	157	湯	tan	208
顧	gù	157	唐	táng	208
管	guǎn	158	陶	táo	209
廣	guǎng	158	滕	téng	209
桂	guì	159	通	tōng	210
郭	guō	159	佟	tóng	210
哈	hā	160	童	tóng	211
韓	hán	160	塗	tú	211
杭	háng	160	屠	tú	212
郝	hǎo	161	汪	wān	212
和	hé	161	隗	wěi	213

百家姓	音標	頁數	百家姓	音標	頁數
賀	hè	161	蔚	wei	213
衡	héng	162	魏	wèi	214
弘	hóng	162	溫	wēn	214
紅	hóng	163	聞	wén	215
洪	hóng	163	翁	wēng	215
胡	hú	164	沃	wò	216
扈	hù	164	鄔	wū	216
花	huā	165	郗	xī	216
滑	huá	165	項	xiàng	217
懷	huái	166	蕭	xiāo	217
桓	huán	166	謝	xiè	218
暨	jì	167	莘	xin	218
冀	jì	167	邢	xíng	219
紀	jì	168	熊	xióng	219
嵇	jī	167	胥	xū	220
姬	jī	168	徐	xú	220
籍	jí	169	許	xǔ	221
薊	jì	169	宣	xuān	221
季	jì	169	薛	xuē	222
簡	jiǎn	170	荀	xún	222
賈	jiǎ	170	鄢	yān	222
江	jiāng	171	閆	yán	223
姜	jiāng	171	顏	yán	223
蔣	jiǎng	171	嚴	yán	224

百家姓	音標	頁數	百家姓	音標	頁數
靳	jìn	172	閻	yán	224
荊	jīng	172	晏	yàn	225
景	jǐng	173	陽	yáng	225
鞠	jū	173	楊	yáng	226
闞	kàn	174	養	yǎng	226
柯	kē	174	姚	yáo	226
空	kōng	174	葉	yè	227
鞏	kǒng	156	羿	yì	227
蒯	kuǎi	175	應	yìng	228
況	kuàng	175	游	yóu	228
賴	lài	176	尤	yóu	229
藍	lán	176	虞	yú	229
郎	láng	177	餘	yú	230
冷	lěng	177	庾	yǔ	230
黎	lí	178	郁	yù	231
李	lǐ	178	喻	yù	231
酈	lì	179	袁	yuán	232
曆	lì	179	越	yuè	232
廉	lián	180	臧	zang	232
廖	liào	180	查	zhā	233
藺	lìn	181	詹	zhān	233
淩	ling	181	湛	zhàn	234
劉	liú	182	張	zhāng	234
柳	liǔ	181	趙	zhào	235

百家姓	音標	頁數	百家姓	音標	頁數
隆	lóng	182	甄	zhēn	235
盧	lú	183	鄭	zhèng	236
路	lù	183	終	zhōng	236
祿	lù	184	鐘	zhōng	237
欒	luán	184	諸	zhū	237
駱	luò	185	竺	zhú	238
滿	mǎn	185	卓	zhuó	238
茅	máo	186	訾	zī	239
梅	méi	186	鄒	zōu	239
蒙	méng	187	祖	zǔ	240
麋	mí	187	宓	mì	187
繆	miào	188	農	nóng	273
安	ān	242	歐	ōu	273
敖	áo	243	彭	péng	274
包	bāo	244	皮	pí	274
暴	bào	243	平	píng	275
畢	bì	245	喬	qiáo	275
卞	biàn	245	秋	qiū	276
別	bié	246	瞿	qú	276
步	bù	246	全	quán	277
曹	cáo	247	容	rón	277
昌	chāng	247	戎	róng	278
成	chén	248	沙	shā	278

百家姓	音標	頁數	百家姓	音標	頁數
充	chōng	248	沈	shěn	279
褚	chǔ	249	師	shī	280
從	cóng	249	史	shǐ	280
斜	dǒu	250	壽	shòu	281
法	fǎ	250	束	shù	281
封	fēng	250	雙	shuāng	282
伏	fú	251	帥	shuài	282
甘	gān	251	司	sī	283
公	gōng	252	宋	sòng	284
古	gǔ	252	孫	sūn	284
國	guó	253	索	suǒ	285
蓋	gài	253	韋	wéi	285
後	hòo	254	危	wéi	286
宦	huàn	254	衛	wèi	286
惠	huì	255	吳	wú	287
霍	huò	255	伍	wǔ	287
汲	jí	256	武	wǔ	288
吉	jí	256	奚	xī	288
季	jì	257	習	xí	289
計	jì	257	席	xí	289
家	jia	258	咸	xián	290
焦	jiāo	258	相	xiàng	290
金	jīn	259	解	xiè	291
尚	shàng	279			

百家姓	音標	頁數	百家姓	音標	頁數
晉	jìn	259	宿	xiù	291
孔	kǒng	260	仰	yǎng	292
寇	kòu	260	伊	yī	292
庫	kù	261	易	yì	293
匡	kuāng	261	益	yì	293
勞	láo	262	殷	yin	294
雷	léi	262	尹	yǐn	294
利	lì	263	印	yìn	295
連	lián	263	雍	yōng	295
梁	liáng	264	有	yǒu	296
林	lín	264	于	yú	296
婁	lóu	265	俞	yú	297
魯	lǔ	265	鬱	yù	297
陸	lù	266	元	yuán	298
羅	luó	266	岳	yuè	298
麻	má	267	宰	zǎi	299
孟	mèng	267	章	zhāng	299
苗	miáo	268	仲	zhòng	300
明	míng	268	支	zhī	300
墨	mò	269	祝	zhù	301
莫	mò	269	莊	zhuāng	301
牟	móu	270	宗	zōng	302
牧	mù	270	乜	niè	271
年	nián	271			

百家姓	音標	頁數	百家姓	音標	頁數
聶	niè	272	甯	nìng	272
何	hé	304	濮陽	pú yáng	318
秦	qín	304	漆雕	qī diāo	319
施	shī	305	亓官	qí guān	319
於	yū	305	壤駟	rang sì	320
百里	bǎi lǐ	306	上官	shàng guān	320
單于	chán yú	306	申屠	shēn tú	321
淳于	chún yú	307	司空	sī kōng	321
東門	dōn mén	307	司寇	sī kòu	322
東方	dōng fāng	308	司馬	sī mǎ	322
東郭	dong guo	309	司徒	sī tú	323
端木	duān mù	309	太叔	tài shū	323
段干	duàn gān	310	澹台	tán tái	324
公良	gōng liáng	310	拓拔	tuò bá	324
公孫	gōng sūn	311	聞人	wén rén	325
公西	gōng xī	311	夏侯	xià hóu	325
公羊	gōng yáng	312	軒轅	xuān yuán	326
公冶	gōng yě	312	宇文	yǔ wén	326
穀梁	gǔ liáng	313	尉遲	yù chí	327
赫連	hè lián	313	樂正	yuè zhèng	327
呼延	hū yán	314	宰父	zǎi fù	328
皇甫	huáng fǔ	314	長孫	zhǎng sūn	328
夾谷	jā gǔ	315			

百家姓	音標	頁數	百家姓	音標	頁數
令狐	líng hú	315	仲孫	zhòng sūn	329
萬俟	mò qí	316	諸葛	zhū gě	329
慕容	mù rón	316	顓孫	zhuān sūn	330
南宮	nán gōng	317	子車	zǐ jū	330
南門	nán mén	317	宗政	zōng zhèng	331
歐陽	ōu yán	318			

參考資料 ：

《中國百家姓探源》，楊汝安，2000，玉匠圖書出版社

《華夏百家姓探源》，張學銜，，2000，南京大學出版社

《生死書—死亡的生命科學》，柳澤桂子，呂美汝譯，2004，究竟出版社

《易道主幹》，張其成，2007，廣西科學技術出版社

《中正形音義綜合大字典》，高樹蕃，1971，正中書局

《說文解字(注音版)(精)》，許慎，2006，嶽麓書社

《中國人的名、字、號》，徐建華、男芳，2007，百花文藝出版社

《字源談趣》，陳政， 2006，新世界出版社

《三元玄空地理精要》，張玉正，，1998，聖環出版社

張櫂烜老師姓名學課堂資料。

周泰琦老師子平八字課堂資料。

線上字典 ：便民吧線上字典。

媒體各大報每日社會版新聞。

甲骨文字型：德天甲骨文字庫。

國家圖書館出版品預行編目資料

一看就懂圖象式姓名學 / 徐裕博著.
第一版──臺北市：知青頻道出版；
紅螞蟻圖書發行，2009.1
面； 公分. ──（Easy Quick；93）

ISBN 978-986-6643-58-3（平裝）

1.姓名學
293.3   97023853

Easy Quick 93

一看就懂圖象式姓名學

文字整編 / 李蓮雅
美術構成 / Chris' office
校　　對 / 周英嬌、楊安妮、徐裕博
發 行 人 / 賴秀珍
榮譽總監 / 張錦基
總 編 輯 / 何南輝
出　　版 / 知青頻道出版有限公司
發　　行 / 紅螞蟻圖書有限公司
地　　址 / 台北市內湖區舊宗路二段121巷28號4F
網　　站 / www.e-redant.com
郵撥帳號 / 1604621-1　紅螞蟻圖書有限公司
電　　話 / (02)2795-3656（代表號）
傳　　真 / (02)2795-4100
登 記 證 / 局版北市業字第796號
數位閱聽 / www.onlinebook.com
港澳總經銷 / 和平圖書有限公司
地　　址 / 香港柴灣嘉業街12號百樂門大廈17F
電　　話 / (852)2804-6687
新馬總經銷 / 諾文文化事業私人有限公司
新 加 坡 / TEL：(65) 6462-6141　　FAX：(65) 6469-4043
馬來西亞 / TEL：(603) 9179-6333　　FAX：(603) 9179-6060
法律顧問 / 許晏賓律師
印 刷 廠 / 鴻運彩色印刷有限公司
出版日期 / 2009年1月　第一版第一刷

定價300元　港幣100元
ISBN 978-986-6643-58-3   Printed in Taiwan